Mathe macht Musik

Impulse zum musikalischen Unterricht mit dem Zahlenbuch 3 und 4

Autorinnen und Autoren
Markus Cslovjecsek
Hans Grolimund
Katharina Leimer
Renato Loretan

Klett und Balmer Verlag Zug

Unsere Familien, Kolleginnen und Freunde sowie viele Schülerinnen und Schüler gaben uns ihre Anregungen und ihre Unterstützung bei der Arbeit an diesem Buch. Der Chor der Musikschule Unterleberberg unter der Leitung von Gabriela Cslovjecsek-Marty, der Schülerchor Niederwil/SO mit ihrem Lehrer Stefan Nussbaumer, Adrienne und Stefanie (Sprecherinnen) und Daniel Steger (Trompete) haben uns bei der Produktion der beiliegenden CD unterstützt.

Herzlichen Dank!

Autoren:
Markus Cslovjecsek, Hans Grolimund, Katharina Leimer, Renato Loretan

Herausgeber und Fachredaktor:
Markus Cslovjecsek

Gestaltung und Illustrationen:
Sonja Gilg, Rino Pelli, Toni Gadza
Creafactory AG, Zug

Tonaufnahme und Mastering:
Kurt Studer
raum für musik, Rüttenen

Redaktion:
Eva Woodtli Wiggenhauser, Zürich

Rechte:
Julia Bethke

Produktion:
IB-Print AG, Zug

ISBN 3-264-83359-X

Printed in Switzerland

Besuchen Sie unsere Homepage unter www.klett.ch oder kontaktieren Sie uns per E-Mail: info@klett.ch oder redaktion@klett.ch

Inhaltsverzeichnis

Vorwort

Ich sitze auf einer Bank in einem Park in Sofia (Bulgarien). Ich bin zwar hier für zwei Konzerte, aber heute schreibe ich über dieses Buch. Ein Mädchen geht vorbei. Einen Moment bevor ich sie sehe, höre ich schon das Zirpen ihres Walkmans. Aus ihrer rechten Hand baumelt eine Hundeleine. Der Hund läuft frei, jetzt jagt er einem schwarzen Hund nach, der eben aufgetaucht ist. Die beiden stürmen davon – vielleicht kennen sie sich? Das Mädchen ruft ihren Hund zurück. Der Hund trägt keinen Walkman, er kann seine Herrin sogar in vollem Lauf hören und kommt in grosszügigem Bogen zurück.

Es ist kühl. Ich gehe ins Café Tabaco, auf dessen Terrasse ich schon gestern meine Notizen zu «Mathe macht Musik» studierte. Heute aber graut mir vor dem Café Tabaco. Weil es kühl ist, werde ich im Innern sitzen müssen: ein schönes Kaffeehaus mit Lederbänken, dunklen Holzhockern und Holzstühlen, grünen Marmortischchen, ein Kronleuchter hängt von der Decke herunter und der Espresso ist prima. Aber da ist dicke Luft: gestern war sie den ganzen Morgen angereichert mit bass and drums und summenden Frauenstimmen aus drei Lautsprechern. Davor floh ich an den entferntesten Tisch auf der Terrasse. Heute gehe ich trotzdem hin, denn es ist kühl, und eben jetzt bin ich nicht nur im Café Tabaco, sondern auch mitten im Thema des Buchs, dessen Vorwort ich schreiben soll, angelangt. Die musikalische Berieselung im Tabaco ist heute dieselbe wie gestern: ein Endlosband – die Musik liegt in der Luft wie ein Dauerspray aus einer Dose mit der Aufschrift «Airconditioning». Niemand hört zu. Soll man ja gar nicht. Man registriert bloss die Lüge, welche die Musik verkündet: «Hier läuft was».

Ich höre die Schnittstelle zwischen Anfang und Ende der tönenden Berieselungsschleife: eine dünne Stelle ohne summende Frauenstimmen (echte Frauen?) und auch ohne Harmonien (gespielt von der Imitation einer E-Gitarre). Das Perkussionsmuster, das jetzt einsetzt, würde sich gut eignen für die Aufgabe «Rhythmen suchen, Rhythmen ergänzen» auf Seite 73 von «Mathe macht Musik». Die Ohren der 3.- und 4.-Klässler würden ohne Mühe seinen Rhythmus knacken, ihn nachtrommeln, mit Mund und Zunge uminstrumentieren; möglich, dass jemand eine minimale Melodie dazu pfeift, denn vom Zahlenrap her kennen die Kinder den Trick, wie man zu etwas schon Klingendem eine Melodie hinzuerfindet: Man versucht es zuerst mal mit langen Tönen. Passt ein Ton nicht mehr, versucht man's mit einem anderen. Bald schon wagen sich einige an 1- bis 2-tönige Melodiebrücken von einem langen Ton zum nächsten. Der Spass am Singen kommt mit dem Singen.

Vielleicht liesse sich eine Melodie zum Rhythmus des Café Tabaco auch mit dem Musikbaukasten finden. Denn Kreativität, das haben die Kinder mit «Mathe macht Musik» bald entdeckt, ist nicht für Genies reserviert und kommt auch nicht einfach aus dem Bauch (der Bauch ist schnell leergetrommelt und ausgesungen). Kreativität taucht beim Spielen mit Bausteinen auf, beim Kombinieren und Ausprobieren (Kombinatorik – ist das nicht ein Kapitel Mathe?), beim Kennenlernen der gewöhnlichen und auch der ungewöhnlichen Möglichkeiten. Musikbausteine sind so konkret wie Legos: man greift sie singend, mit Klangstäben, Gongs, Trommeln. Mit gemeinsamer Kompetenz würden Gruppen von 3.- und 4.-Klässlern das Rhythmusmuster im Café Tabaco auch in verschiedene Zeichensprachen umsetzen: in farbige Rhythmusbänder oder als Bleistiftzickzacklinie, aber auch mit Profimusiknoten: Man hat ja gelernt mit Brüchen umzugehen. Ja, die Brüche wurden sehr real eingeführt – nicht mit Torten, wie man das früher mal gemacht hat: Perkussion ist ebenso konkret wie Patisserie. Sitzen Brüche jetzt auch im Körper?

Längst schon summen im Café Tabaco die Frauenstimmen wieder und schon viel länger hat sich die Imitations-E-Gitarre mit wenigen und sich immer wiederholenden Harmonien erneut zur Rhythmusspur hinzugesellt. Die Kinder, die mit MaMu richtige Musikindianer - was sag ich - MaMuindianer geworden sind, würden hier im Tabaco den leise schnarrenden Harmoniehintergrund mit drei farbigen Harmoniekarten quittieren, die sie abwechselnd und im passenden Rhythmus in Richtung Lautsprecher zückten; das Mädchen hinter der Bar wäre entzückt – endlich liefe hier wirklich was.

Die 3.- und 4.-Klässler, die mit «Mathe macht Musik» arbeiten, leben im Matheunterricht mit Musik. Man berichtet uns, dass in früheren Jahrhunderten zur Arbeit gesungen wurde, sogar Bodypercussion wurde trotz böser Sklavenhalter betrieben. Ich glaube, in Lateinamerika oder vielleicht auch in der Südsee tut man das noch heute. Warum sollten denn die 3.- und 4.-Klässler die 7er-Reihe nicht singen oder rappen oder trommeln? Oder alles zusammen? Und warum sollten dieselben Kinder die Überschneidungen der 2er-, 3er-, 4er-, 6er- und 12er-Reihe nicht am berühmten afrikanischen 12er-Rhythmus erfahren, indem sie abwechselnd die 2er-, 3er-, 4er- und 6er-Momente des 12er-Rhythmus akzentuieren – sei's auf Glocken oder auf dem aus der Küche entwendeten Blech? Und wer sagt denn, ob sie so zudem nicht leibhaftiger nach Afrika reisen als diejenigen, die sich ein Flugticket leisten können?

Der Sonnentanz – CD Track 5 – ein auflockernder Moment in der Mathestunde oder getanzte Geometrie? Wenn's nun aber getanzte Geometrie wäre – was für eine Spur hinterlässt Bachs Largo aus dem f-moll Klavierkonzert im Körper, im Hirn? Vielleicht die Bereitschaft, sich – später – auf die Kreisgeometrie einzulassen? Vielleicht …

Das Berieselungsband im Café Tabaco läuft immer noch, und ich flüchte noch immer nicht. Einmal weil es jetzt auch regnet. Zum andern weil mir einfällt, dass die 3.- und 4.-Klässler dieses Musikband auch in der Bahnstreckenmusik von Themenkreis 10 einsetzen könnten.

Von Musik geplagt frage ich mich nun doch, ob aus dem bisher Geschriebenen klar werden kann, dass es oft sehr still ist im Schulzimmer mit Mathe und Musik – dann nämlich, wenn die Matheaufgabe ausschliesslich klingend gestellt wird:

- Töne verraten die Zahlen, andere Klänge die Operationen der Kettenrechnung.
- 4 Tonhöhen diktieren die Art der Abwicklung eines Quaders.
- Ein Gewichtstein fällt auf ein Kiesbett: Ist es der Kilostein oder das 50g-Steinchen?

Wenn's schwieriger wird, ist man übrigens nicht allein, die andern helfen. Und das ist nun beinah' wie in einer Utopie – «Aktion grosses Ohr» – gemeinsam hört man mehr. Dabei wächst heimlich auch das eigene Ohr, ganz ohne Blamage. Wenn die Musik zum Kommunikationsmedium wird, installiert sich eine Art gemeinsame Konzentration – «Aktion grosse Konzentration». Dabei wird – wiederum ganz heimlich – auch die individuelle Konzentration gestärkt. Und beides wird nicht erzwungen durch genervte Ermahnungen, sondern hervorgerufen durch die Musik: Man kann die musikalische Botschaft nur knacken, wenn man sich gemeinsam darauf einlassen will.

Ist das der Anfang eines Zeitalters des Ohrs?

Jetzt aber verlasse ich das Café Tabaco und suche mir einen stillen Ort für die Reinschrift.

Gertrud Schneider

P.S. Erst wie ich aus dem Café ins Freie trete, entdecke ich, wie es sich schreibt: Toba&Co

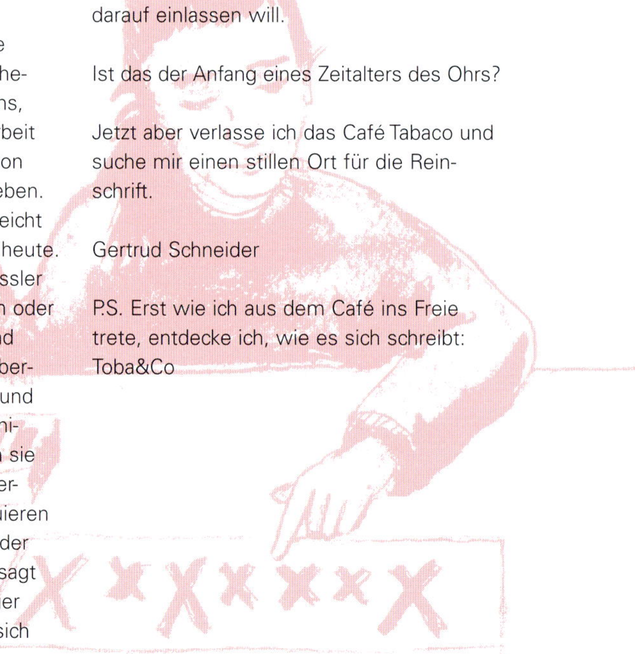

Was dieses Buch will und wie es dazu kam

«Musik ist eine arithmetische Tätigkeit des Geistes, dem verborgen bleibt, dass er dabei in Zahlen denkt.»
Gottfried Wilhelm von Leibniz (17. Jh.)

Musik und Mathematik werden seit der Antike immer wieder als wunderbares Paar beschrieben. Die glückliche Beziehung zwischen den beiden Disziplinen wurde jedoch bisher weder mit der Grundschulmathematik noch mit den Inhalten des Musikunterrichts auf der Volksschule in Verbindung gebracht. Gegenstand der interdisziplinären Auseinandersetzung waren vielmehr Fragen zur Obertonreihe, zur Akustik und seit einigen Jahren zur Digitalisierung von Klängen[1] oder die Diskussion um musikalische Stimmungen und um die mathematische Fassbarkeit von Komposition und Interpretation[2]. Die sich damit befassenden Bereiche der Physik, der Stochastik, der Kombinatorik und der Informatik haben wenig gemeinsam mit dem Curriculum der Volksschule. Es kann deshalb nicht überraschen, wenn sich der Anstoss zum Lehrmittelprojekt «Musik zum Zahlenbuch» nicht aus dieser alten Verwandtschaft der beiden Disziplinen entwickelte, sondern aus der Beobachtung lernender Kinder[3] und aus gelungenem Unterricht. Gestützt und gefördert wurden diese Beobachtungen durch den von Howard Gardner 1983 formulierten multiplen Intelligenzbegriff[4] und das darauf basierende zeichentheoretisch orientierte Verständnis von Musikunterricht[5].

Erfahrungen im Unterricht

Ausgehend von den Erfahrungen mit dem Projekt «Erweiterter Musikunterricht»[6] wurde in der Arbeit mit den beteiligten Schulklassen sehr bald klar, dass sich durch die modifizierte Stundentafel auch ausserhalb des Musikunterrichtes einiges verändert. Die intensive Beschäftigung mit Musik drängte bald aus ihren Fachgrenzen hinaus und die musikalische Perspektive offerierte im Sprach-, im Sach- und im Mathematikunterricht interessante Arbeitsweisen und Problemstellungen oder – umgekehrt gesagt – wir beobachteten, dass viele schulische Inhalte und Methoden in ihren Grundlagen voller Musik stecken. Für das Verständnis von fächerübergreifendem Unterricht zeigt sich, dass neben den (interdisziplinären) Themen, die gleichsam zwischen den Fächern liegen, gerade auch Aktivitäten wichtig sind, welche die eigentliche disziplinäre Arbeit aus anderen Fachperspektiven beleuchten und erkunden (transdisziplinäres[7] Denken und Handeln).
Die Umsetzung dieser Entdeckung nannten wir «Musik als Unterrichtsprinzip»[8]. Unterricht mit viel Musik wurde damit unabhängig von Stundentafeländerungen und für alle interessierten Lehrpersonen zugänglich. In der praktischen Arbeit mit vielen Schulklassen zeigt sich seither, dass die elementaren Verbindungen zwischen Mathematik- und Musikunterricht erlebnisorientiertes, entdeckendes und lustbetontes Lernen und Lehren in vielfältiger Weise bereichern.

Neue Mathematikdidaktik

Die Mathematikdidaktik ihrerseits hat sich seit dem Beginn der neunziger Jahre in Richtung von John Deweys (1859–1952) Konzept des aktiv-entdeckenden Lernens entwickelt[9]. Im Zuge dieser Neuausrichtung werden Standorte und Denkwege der Kinder zunehmend ernst genommen[10] und ganzheitliche, kontextgebundene Zugänge zu den Lerninhalten postuliert. Mit zu diesem Wandel gehört die «Konzentration auf die Grundideen der Arithmetik und der Geometrie» und die «Abkehr vom kleinschrittig vermittelnden Unterricht zugunsten inhaltlicher Ganzheit der Lernsituationen». Aus diesem Verständnis heraus werden auch die Mittel und Wege der Veranschaulichung grundlegend thematisiert. Der Weg von der Wahrnehmung zu mentalen Vorstellungsbildern wird als ideosynkratischer (vom Individuum abhängiger) Konstruktionsprozess verstanden, der bewusst individuelle Interpretationsweisen und differente Lösungswege in Kauf nimmt. Als Anschauungsmittel werden unterschiedliche grafische Darstellungen und spezielle Materialien eingeführt, die eine ganze Reihe von Kriterien erfüllen sollen, z.B.[11]:

- adäquate Repräsentanz der Struktur des mathematischen Sachverhalts
- vielfältige Einsetzbarkeit
- Fortführbarkeit
- einfache Handhabbarkeit und übersichtliche Struktur
- einfache Übertragungsmöglichkeit in eine grafische Darstellung
- leichte Praktikabilität beim Operieren im Kopf
- Möglichkeit zum Entdecken eigener, auch unterschiedlicher Lösungsstrategien und zum sozialen Austausch darüber
- ständige Verfügbarkeit für jede Schülerin/jeden Schüler und Demonstrationsversion für die Klasse
- niedriger Preis
- Haltbarkeit und umweltverträgliches Material

Neu entdeckte Werkzeuge

Klang und Bewegung erfüllen diese Kriterien in einem hohen Mass. Dass sie als Arbeits- und Anschauungsmittel – als Werkzeuge des Lehrens und Lernens – bis anhin kaum angeregt wurden, liegt an der fehlenden Tradition des entsprechenden Zugangs. Wenn sie bisher in den Lehrwerken vorkommen, dann werden entsprechende Handlungsformen ziemlich zufällig – ab und zu – und meist im Sinn von Auflockerung oder Dekoration eingesetzt. Oft wird dieses Defizit von musikbegeisterten Lehrpersonen durch fantasievollen Unterricht und methodisches Geschick teilweise aufgewogen. Doch lässt sich die Beschränkung der Lehrmittel auf verbale, visuelle, haptische und mathematisch-abstrakte Zugänge dadurch nicht begründen; akustische (Klang), kinästhetische (Bewegung) und taktile (Berührung) Erfahrungen stellen durch ihre Unmittelbarkeit und ihre Flüchtigkeit spezielle Anforderungen an Wahrnehmungsfähigkeit und Konzentration. Durch den Einbezug dieser Erfahrungswelten in den Mathematikunterricht können wichtige aktive Lernwege der Kinder für den Unterricht zugänglich gemacht werden und gleichzeitig wird das Verständnis der Lehrpersonen für unerwartete Denkwege der Lernenden gefördert[12]. Dass der entwickelte Zugang aber weit über die Primarstufe hinausweist, wird deutlich, wenn man sich grundsätzlich überlegt, wie denn die Mathematik zum Menschen kommt. Lakoff & Núñez (2000) zeigen mit «Where Mathematics comes from», wie Mathematik erkenntnistheoretisch – bis hin zur Einstein'schen Formel – durch körperlich verankerte Schemata begründet ist.

Mathe macht Musik

Die vorliegende Impulssammlung «Mathe macht Musik» will mithelfen, Klang- und Bewegung als körperliche Zugänge zur Mathematik auf elementarer Stufe zu kultivieren. Wenn einzelne Impulse gleichzeitig auch den Musikunterricht bereichern, so ist dies durchaus im Sinn der Autoren.
Zu konkreten mathematischen Themenkreisen wie «Muster und Ordnungen», «Zahlenraum und Zahlbegriff», «Schätzen, messen, berechnen», «Grundoperationen», «Zufall und Kombinatorik», «Stellentafel», «Verflixt!», «Rechnen mit Geld», «Formen und Flächen», «Zeit und Timing» oder «Reihen» werden

Übungsideen und Impulse zu einer musikalischen Umsetzung aufgezeigt. Wahrnehmungsspiele, Bewegungsanleitungen, Lieder, Rhythmusspiele, Konzentrationsaufgaben, Beobachtungsaufgaben und Kreativitätsübungen sollen dazu dienen, das musikalische Potenzial fächerübergreifend zu nutzen und gleichzeitig eine positive Lernatmosphäre aufzubauen. Oft führt ein Handlungsvorschlag zu einer mathematischen Problemstellung, zu einer Gestaltungsaufgabe oder zu Arbeitsaufträgen. Spielformen oder Wettbewerbe verlangen Übung und Routine auch in mathematischen Fertigkeiten. Die aktive Vernetzung des Buches mit der Website www.mamu.ch ermöglicht den Austausch und die Diskussion von Problemlösungsideen oder Gestaltungsvarianten, die Suche nach Hintergrundinformationen sowie den konkreten Einbezug der Schülerinnen und Schüler in ein aktuelles Entwicklungsprojekt um Fragen des Mathematisierens. Vor allem jedoch erhoffen wir uns, dass «Mathe macht Musik» durch die Akzentuierung der mathematischen Ästhetik und der musikalischen Logik Mädchen und Jungen neue Zugänge zu den beiden Disziplinen eröffnet. Der konsequent handlungsorientierte und fächerübergreifende Ansatz und die damit geforderte offene Arbeitsweise ermöglicht jedenfalls allen Beteiligten Erfahrungen in transdisziplinärem[13] Denken und Handeln.
Viele der vorgeschlagenen musikalischen Impulse zu mathematischen Themenkreisen und viele der musikalischen Übungen und Anwendungen mathematischer Fragestellungen sind für sich gesehen nicht spektakulär und sie bedürfen auch nicht einer ausserordentlichen Musikalität der Lehrpersonen. Die Wirkung ihres konsequenten Einsatzes bei einzelnen Schülerinnen und Schülern und auf die Klasse als Ganzes, insbesondere auch auf das Lernklima und die Motivation,[14] ist bemerkenswert. Durch ihr musikalisches Potenzial macht das Spiel mit den Impulsen immer wieder Spass. Die damit angeregten mathematischen und musikalischen Übungs- und Automatisierungsprozesse lassen sich vielfach variieren und als Routinen im Unterrichtsalltag einbauen.

Adressaten

Zusätzlich zu einem klingenden und bewegten *Mathematikunterricht* werden die vorgestellten Impulse für viele Lehrpersonen auch *einen neuen Zugang zur Musik* im Unterricht ermöglichen. Die Ideen sind zwar ohne grosse musikalische Kenntnisse und ausserhalb des Musikunterrichts realisierbar, viele lassen sich aber problemlos im Musikunterricht vertiefen, ergänzen, variieren und ausbauen. Sie bieten gleichzeitig Musiklehrpersonen *Zugänge zu den Fragestellungen des Mathematikunterrichtes* und können so zu einem *integrierenden Musikunterricht* beitragen.
Für *Lehrpersonen, Eltern und Mitglieder von Schulbehörden* kann die vorliegende Sammlung durch ihren überraschenden Zugang und durch die Praktikabilität der einzelnen Impulse mithelfen, in Familie und Weiterbildung das Verständnis für aktiv-entdeckendes und soziales Lernen im Mathematikunterricht zu wecken und zu fördern. Die Erfahrungen zeigen, dass selbst *Musikerinnen und Mathematikexperten* durch die ungewohnten Zugänge neue Einsichten in ihre eigene Disziplin gewinnen.

Beteiligung an der Weiterarbeit

Für die Förderung der Integration musikalischer Zugänge im schulischen Unterricht braucht es eine systematische Weiterentwicklung der Kenntnisse und die wissenschaftliche Aufarbeitung der entsprechenden Grundlagen. Musikalisches Handeln und Reflektieren in die tägliche Arbeit einzubinden muss durch die schulische Praxis und den theoretischen Diskurs kennen gelernt und erkundet werden.
Für den fachlichen Austausch wie auch für die Ergänzung der konkreten Ideen steht mit der Website www.mamu.ch der Fachhochschule Aargau/Nordwestschweiz ein Internetforum zur Verfügung. Wir freuen uns, wenn Sie sich aktiv in die Diskussion einschalten und sich an der Weiterentwicklung der Ideen beteiligen.

Dank

«Mathe macht Musik» ist das Produkt einer mehrjährigen vielschichtigen Kooperation, die durch die Fortführung des Projektes «Erweiterter Musikunterricht» im Kanton Solothurn initiiert wurde. Durch die wiederholte Durchführung des Kurses «Musik als Unterrichtsprinzip»[15] im Rahmen der Schweizerischen Lehrerbildungskurse und in vielen schulinternen Weiterbildungskursen konnte sich der Ansatz entwickeln. Das Engagement des Verlags Klett und Balmer ermöglichte es, die zusammengetragenen Ideen zu bündeln und zu formulieren, die Fachhochschule Aargau/Nordwestschweiz schliesslich initiierte mit dem Aufbau der Website www.mamu.ch und diversen Weiterbildungsangeboten die weitere Auseinandersetzung mit dem Thema.
Für Fragen und Anregungen danken wir vielen Kolleginnen und zahllosen Teilnehmern an unterschiedlichen Fortbildungskursen und Tagungen. Die positiv kritischen Rückmeldungen von Eltern wie auch das Interesse von Behördenmitgliedern gehören mit zu den Erfahrungen, die uns in der Arbeit immer wieder bestärkt haben.
Der grösste Dank jedoch gehört allen Kindern und Jugendlichen. Ihre Spiele und Ideen zeigten uns, wie Mathe Musik macht, ihre Reaktionen und Variationen halfen uns bei der Zusammenstellung dieser Sammlung. Damit und mit ihrer direkten und schonungslosen Art werden sie uns auch weiterhin eine grosse Hilfe sein, um Funktion und Stellenwert von Klang und Bewegung beim Aufbau von Kenntnissen und Fertigkeiten kritisch zu erkunden.

Grundsätzliche Bemerkung zur musikalischen Arbeit mit Kindern

Lehrplan

Musikunterricht fördert, basierend auf Ausdrucks- und Wahrnehmungsprozessen, das musikalische Wissen und Können der Schülerinnen und Schüler in ihrem kulturellen Umfeld[16]. Er umfasst in heutigen Lehrplänen die Bereiche *Vokales Musizieren, Instrumentales Musizieren, Bewegen, Gestalten, Hören, Grundwissen*[17]. Für die Mittelstufe der Volksschule orientiert sich der Musikunterricht an den folgenden Zielen:

Vokales Musizieren: die eigene Stimme kennen lernen und entwickeln, eine klare Aussprache erreichen;
ein Repertoire von Liedern (auch mehrstimmig) und Sprechstücken pflegen und ausbauen;
exemplarische Lieder verschiedener Epochen und Stile und aus verschiedenen Kulturkreisen kennen lernen und üben

Instrumentales Musizieren: die Handhabung von verschiedenen Instrumenten (auch elektronischen) kennen lernen;
musizieren mit Bodypercussion,

unterschiedlichen Materialien und Instrumenten;
einfache Liedbegleitungen spielen und improvisatorisch musizieren

Bewegen: Bewegungs- und Haltungsschulung in Verbindung mit Stimmbildung;
Metrum, Rhythmus, Melodie, Dynamik, Form, Klang oder Stil in Bewegungen umsetzen;
koordinative Fähigkeiten entwickeln;
ein Repertoire an Tänzen und Bewegungsliedern aus verschiedenen Epochen und Kulturkreisen pflegen und ausbauen

Gestalten: Verse, Gedichte, Bilder und Stimmungen klanglich umsetzen;
vokal, instrumental und mit Bewegung in unterschiedlichen Formen und Stilen experimentieren, improvisieren und begleiten;
experimentieren, improvisieren und komponieren mit Rhythmen, Tönen, Geräuschen und Klängen;
bildnerisches, textliches und darstellendes Gestalten zu Musik unter Einbezug aktueller Medien

Hören: die akustische Umwelt bewusst wahrnehmen, unterscheiden, vergleichen, beschreiben und einordnen;
musikalische Parameter und formale Ordnungen erfassen und benennen;
verschiedene Instrumente und Klangerzeuger kennen lernen und hörend erkennen;
Beispiele von Klangmalerei kennen lernen

Grundwissen: kritische Auseinandersetzung mit den Wirkungen von Musik;
verschiedene Notationen auch unter Einbezug des Computers als Hör-, Erinnerungs-, Musizier- und Singhilfe entwickeln, anwenden, festigen und erweitern;
musikalische Fachbegriffe und traditionelle Zeichen aus dem täglichen Umgang mit dem Klassenrepertoire, kennen und anwenden;
Kennenlernen von musikalischen Gliederungen, Formen, Gattungen, Epochen und Strömungen;
anhand ausgewählter Musikbeispiele Einblick in verschiedene Epochen, Kulturen und Stilrichtungen haben;
Musik und Musikerbiografien im sozialen, wirtschaftlichen und sozialen Umfeld verstehen lernen;
Kennenlernen von Berufen im Musikbetrieb

In den meisten neueren Lehrplänen wird neben der disziplinären Auseinandersetzung ausdrücklich auch themenbezogenes und fächerübergreifendes Unterrichten gefordert. Musikalisches Arbeiten bietet sich zudem dazu an, in anderen Fächern und Bildungsbereichen weitergeführt zu werden. Ebenso können musikalische Impulse aus anderen Fächern im Musizieren vertieft und geübt werden.

Singen und Stimmbildung[18]

Stimmbildung mit Kindern kann in den vielfältigsten Formen stattfinden. Zunächst ist es wichtig, dass überhaupt gesungen wird: Die Stimme bildet sich beim Singen! Beim Anstimmen der Lieder ist zu beachten, dass der Tonumfang der Kinderstimmen weder unter- noch überschritten wird.
In der Unterrichtssituation bedeutet Singen jederzeit auch Stimmbildung. Mit den eigentlichen Stimmübungen soll das Kind zum einen seine Stimme und ihre Ausdrucksmöglichkeiten entdecken und entwickeln und zum anderen auf spielerische Art und Weise zu einer gesunden Stimmfunktion geführt werden. Die Arbeit erfolgt in der Gruppe durch *Improvisation mit der Stimme* und durch *Stimmbildung am Lied.*
Die Grundprinzipien für das Konzipieren von Stimmbildungssequenzen lassen sich dank ihrem organischen Aufbau leicht merken (Haltung → Atmung → Sprechorgane → Stimmübungen):

Haltung
Die Haltung hat einen zentralen Einfluss auf alle am Sprech- oder Singakt beteiligten Organe (Zwerchfell, Lungen, Kehlkopf, Kiefer). Anzustreben ist (auch im Sitzen) eine aufrechte Haltung mit einer Tendenz zur Streckung der Wirbelsäule. Negative Auswirkungen haben: Einbeinstand, übereinander geschlagen Beine, Hohlkreuz, Rundrücken, durchgestreckte Kniekehlen, verspannte Hals- und Nackengegend, vorgebeugter oder zurückgelegter Kopf.
Hilfreich sind z.B. langsames Gehen im Raum oder grosse Armbewegungen zum Singen oder Sprechen.

Atmung
Da der Atemvorgang weitgehend automatisch abläuft (vegetative Steuerung) ist die Hauptatemmuskulatur, das Zwerchfell, dem Bewusstsein nur bedingt zugänglich. Die Kinder müssen also über Vorstellungen (Bilder und Geschichten) und reflektorische Bewegungsabläufe (Beuge- und Streckgymnastik) zur bewussten Zwerchfellatmung geführt werden. Ausgangspunkt ist die Ruheatmung, die jeder Mensch im Schlaf beherrscht, die in wachem Zustand aber oft nicht einfach zu realisieren ist: *ruhig (am besten liegend) Luft ausblasen – warten bis die Einatmung von selbst erfolgt. Die Hand auf dem Bauch (Nabelgegend) bewegt sich mit der Aus- und Einatmung ab und auf.*
Weitere Übungen zur Zwerchfellaktivierung: schnuppern, lachen, Treppe hochrennen, Kerze ausblasen usw.

Sprechorgane
Lippen-, Zungen-, Gaumensegel- und Kiefermuskulatur sollen locker eine präzise Artikulation ermöglichen. Neben Summ- und Gähnübungen zur Weitung der Resonanzräume helfen Zungenbrechverse oder selbst erfundene Sprechspiele, gezielt z.B. die Zungenspitzen- oder Zungenrückenmuskeln zu trainieren. Repetitive Übungen mit Konsonanten und Vokalen ermüden aber die beteiligten Muskelgruppen rasch. Deshalb sollte man nicht zu lange üben.

Stimmübungen
Der Stimmeinsatz hat in der Aufwärmphase immer sehr weich und leise zu erfolgen. Murmel- und Summübungen in einer mittleren Tonhöhe helfen dabei. Der Tonumfang lässt sich so bereits etwas ausbauen und der Klang lässt sich mit Artikulationsübungen in die Maske locken. Rasche Lieder mit viel Text leicht, geschwätzig und mit überdeutlicher Artikulation zu singen hilft, die Stimme «vorne» zu behalten. Dies ist sehr wichtig für kräftige Legato- und Rufübungen oder für eine klare und deutliche Sprache.

Unter Berücksichtigung dieser Zielvorstellungen hat beim Erfinden von entsprechenden Spielen und Übungen die Kreativität einen grossen Spielraum.

Im Unterricht ist es oft notwendig, spontan zu reagieren, um Lernsituationen zu nutzen. Deshalb kann es sinnvoll sein, mit der Klasse ein kleines Repertoire von Übungen aufzubauen. Die Lehrperson ist, auch im Hinblick auf die Ansprüche der Gesundheitserziehung, dafür verantwortlich, dass die ablaufenden Prozesse sich positiv auf die stimmliche Entwicklung der Kinder auswirken. Es gilt also aufmerksam zu sein und mit Bildern und Geschichten sowie unterschiedlichen Sozialformen den Stimmeinsatz zu lenken und auf Auffälligkeiten zu reagieren. Beim Singen und Sprechen in der Klasse kann oft unspektakulär mit einer ausgewählten Übung für die ganze Gruppe auf individuelle Fehler einzelner Schüler reagiert werden.

Infrastruktur

Das Schulzimmer sollte so eingerichtet sein, dass neben den verschiedenen Arbeitsplätzen genügend Raum für einen Stuhlkreis oder für kleine Bewegungsspiele vorhanden ist. Ein mobiles Audiogerät für Wiedergabe und Aufnahme sowie ein Computer mit Internetanschluss sind hilfreich. Im Schulzimmer selbst sollten auch einige (evtl. selbst gebaute) Rhythmusinstrumente und ein Satz Klangstäbe greifbar sein. Dieses Schulzimmerinstrumentarium sollte nach den Bedürfnissen der Lehrperson und der Klasse ausgebaut werden können. Es ist von Vorteil, wenn im Schulhaus eine Aula oder ein Musikzimmer mit viel Platz, einer guten Stereoanlage, einem Klavier und einem ausgebauten und eingerichteten Instrumentarium (Perkussionsinstrumente und Stabspiele) zugänglich ist. Für musikalische Impulse mit viel Raumbedarf ist zum Teil auch die Turnhalle oder der Pausenplatz geeignet.

Anmerkungen

1 Die Entwicklung der digitalen Musikspeichermedien (CD, MD, DAT) erforderte die Umsetzung von Klängen in digitale Daten. Für den raschen Transport der grossen Datenmengen auf dem Internet werden effiziente Komprimierungsprogramme (z.B. mp3) entwickelt.

2 Die adäquate Darstellung und Verarbeitung von Musikdaten ist eines der komplexesten Probleme der Datenbanktheorie und -praxis. Vgl. Mazzola (1999) oder www.ifi.unizh.ch/groups/mml/musicmedia

3 Die musikalische Perspektive in der Beobachtung von Lehr- und Lernprozessen zeigte, dass Kinder oft anders lernen, als wir Erwachsenen dies erwarten. Wir lernten, dass wir vieles von Kindern lernen können. Ähnliche Beobachtungen und konkrete Beispiele beschreibt Brügelmann (1998).

4 Gardner (1983) erkannte die musikalische und die kinästhetische Intelligenz neben den traditionellen (der linguistischen, der numerischen und der räumlichen Intelligenz) und den personalen Intelligenzen als eigenständig und gleichwertig.

5 Basierend auf den Erfahrungen mit den Schulversuchen mit erweitertem Musikunterricht entwickelte die Psychologin Maria Spychiger (1995) die theoretischen Grundlagen für ein neues Verständnis des Musikunterrichtes an Schulen.

6 Das schweizerische Projekt «Erweiterter Musikunterricht» (1988–1992) basierte auf folgenden Rahmenbedingungen: Die beteiligten Klassen erhielten fünf Lektionen Musik pro Woche. Die Lektionszahl in den Hauptfächern wurde reduziert, die Lehrplananforderungen aber für alle Fächer unverändert beibehalten. Der Projektbericht wurde publiziert: Weber, Patry & Spychiger (1993): Musik macht Schule, Essen: Blaue Eule.
In einigen Kantonen wird seit dem erfolgreichen Abschluss des Projektes interessierten Lehrkräften eine alternative Stundentafel für Klassen mit erweitertem Musikunterricht angeboten.

7 Der Begriff «Transdisziplinarität» ist von seiner Definition her offener zu verstehen als «Interdisziplinarität». Transdisziplinäre Arbeitsweisen sind grundsätzlich handlungsorientiert und partizipativ; das heisst, es werden bewusst die Standpunkte aller Beteiligten – ungeachtet des Fachwissens, des akademischen Grades usw. – in die Problemlösung mit einbezogen (Klein 2001).

8 Wir meinen damit die Planung und Durchführung von Unterricht unter ausdrücklichem Einbezug des musikalischen Blickwinkels. Wie «Musik» in diesem Zusammenhang zu verstehen ist und wie «Musik als Unterrichtsprinzip» umgesetzt werden kann, wird in Cslovjecsek & Spychiger (1998) ausführlich beschrieben und praktisch vorgestellt.

9 Eine fundierte Zusammenfassung dieses Prozesses findet sich bei Krauthausen (1998): Lernen in der Grundschule am Beispiel des Mathematikunterrichts, S. 13–44.

10 In einer Reihe von Unterrichtsexperimenten wird anschaulich dargestellt, wie die Fähigkeit, das Vorwissen der Kinder zu erfassen und sie auf ihren eigenen Lösungswegen zu begleiten, zu einer zentralen Eigenschaft von Lehrenden werden muss. (Hengartner, 1999)

11 Zusammenstellung nach Krauthausen (1998), S. 42.

12 Wie unterschiedlich diese Denkwege sind und dass sie sich nicht an unsere Traditionen halten, zeigen Christoph Selter und Hartmut Spiegel (1997) auf eindrückliche Weise in ihrem Buch «Wie Kinder rechnen».

13 Vgl. Anmerkung 7.

14 Die Ergebnisse aus verschiedenen Untersuchungen (Weber 1993, Bastian 2000) zeigen neben den vergleichbaren kognitiven Leistungen der Versuchs- und Kontrollklassen signifikante Verbesserungen in der sozialen Kompetenz und den Bereichen Lernklima und Motivation.

15 Aus dieser Kursarbeit entstand das Heft «MUS IK oder MUS IK nicht? – Musik als Unterrichtsprinzip», Cslovjecsek & Spychiger (1998).

16 Die vier Dimensionen (Wahrnehmungsprozesse, mentale Prozesse, Ausdrucksprozesse, kulturale Prozesse) des semiotischen Funktionskreises nach Alfred Lang (1993) dienen als Grundlage für die Entfaltung eines grossen musikalischen Denk- und Handlungsfeldes (Spychiger 2001, Cslovjecsek & Spychiger 1998)

17 Diese Bereiche werden mit den von Dankmar Venus (1984) benannten «musikalischen Verhaltensweisen» (Produktion, Reproduktion, Transposition, Rezeption und Reflexion) bearbeitet. Einige Lehrpläne sind entlang jener Begriffe strukturiert.

18 Heinrich von Bergen gibt im Heft «Unsere Stimme – ihre Funktion und Pflege» (1984) viele hilfreiche Anregungen und viel interessantes Hintergrundwissen auch für den Umgang mit der Lehrerstimme!

Literatur

- Bastian, G. (2000). Musik(erziehung) und ihre Wirkung – Eine Langzeitstudie an Berliner Grundschulen. Mainz: Schott
- von Bergen, H. (1984). Unsere Stimme – ihre Funktion und Pflege. Bern: Müller & Schade
- Brügelmann, H. (Hrsg.) (1998). Kinder lernen anders. Lengwil: Libelle
- Cslovjecsek, M. & Spychiger, M. (1998). MUS IK oder MUS IK nicht? – Musik als Unterrichtsprinzip, Hölstein: Verlag swch
- Cslovjecsek, M. (2003). Klingend Rechnen und Sprechen lernen. In: Huber, Ludovika, Kahlert, Joachim (Hrsg.): Hören lernen, Düsseldorf: Westermann
- Gallin, P. & Ruf, U. (1990). Sprache und Mathematik in der Schule. Zürich: Verlag LCH
- Gardner, H. (1983). Frames of Mind. The Theory of Multiple Intelligences. New York: Basic Books (dt.: Abschied vom IQ, Die Rahmentheorie der vielfachen Intelligenzen. Stuttgart: Klett-Cotta 1991)
- Hengartner, E. (Hrsg.) (1999). Mit Kindern lernen. Zug: Klett und Balmer
- Krauthausen, G. (1998). Lernen – Lehren – Lehren lernen. Zur mathematik-didaktischen Lehrerbildung am Beispiel der Primarstufe. Leipzig: Klett Grundschulverlag
- Lakoff, G. & Núñez, R.E. (2000). Where Mathematics Comes From. How the Embodied Mind Brings Mathematics into Being. New York: Basic Books
- Lang, A. (1993). Zeichen nach innen, Zeichen nach aussen – eine semiotisch-ökologische Psychologie als Kulturwissenschaft. In: Rusterholz, P., Silvar, M. (Hrsg.): Welt der Zeichen – Welt der Wirklichkeit, S. 55–85. Bern: Paul Haupt
- Mazzola, G. (1999). Music@Encyclospace. In: Enders B. (ed.): Proceedings of the Klagenfurt Conference 1997, Osnabrück 1999
- Ribke, J. (1995). Elementare Musikpädagogik – Persönlichkeitsbildung als musikerzieherisches Konzept. Regensburg: ConBrio
- Selter, Ch. & Spiegel, H. (1997). Wie Kinder rechnen. Düsseldorf: Klett
- Spychiger, M. (1995). Mehr Musikunterricht an den öffentlichen Schulen. Hamburg: Kovac
- Spychiger, M. (2001). Understanding Musical Activity and Musical Learning as Sign Processes: Toward a Semiotic Approach to Music Education, in: Journal of Aesthetic Education, Vol. 35, No.1, p. 53–67. University of Illinois Press
- Thompson Klein, J. et al. (eds.) (2001). Transdisciplinarity: Joint Problem Solving among Science, Technology, and Society – an Effective Way for Managing Complexity. Basel: Birkhäuser
- Venus, D. (1984). Unterweisung im Musikhören. Wilhelmshaven: Noetzel
- Weber, E. et al. (1993). Musik macht Schule. Essen: Die blaue Eule
- Wittmann, E. et al. (1997). Zahlenbuch 3 + 4 / Lehrerband zum Zahlenbuch. Zug: Klett und Balmer

Zum Aufbau der Impulssammlung

Allgemeine Bemerkungen

Diese Sammlung von Unterrichtsimpulsen ist als Ergänzung zum Lehrwerk «Das Zahlenbuch» entstanden. Anregungen sind aber auch sinnvoll in Verbindung mit anderen Lehrbüchern zu verwenden.
Mit der Zusammenfassung der Inhalte der Zahlenbücher 3 und 4 in diesem Band wird dem stufenübergreifenden Aspekt des musikalischen Handelns Rechnung getragen. Aus demselben Grund wird in jedem Band von «Mathe macht Musik» durch Querverweise auf Ideen in anderen Bänden verwiesen. Zielgerichtetes Schmökern und Stöbern soll aber auch durch die wiederkehrenden Themenkreise und durch das gleich bleibende Layout erleichtert werden. Mit etwas Fantasie lassen sich viele Impulse auch für andere Schulstufen adaptieren.
Jeder Themenkreis beginnt mit einer Einführungsseite, auf der das Thema vorgestellt wird. Anschliessend folgen die Impulsseiten mit den praktischen Handlungsvorschlägen.

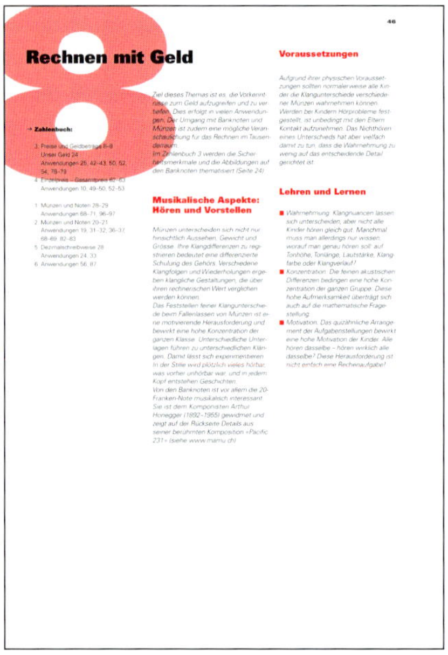

Einleitungsseiten

Mathematischer Themenkreis: Hier findet sich eine Zusammenfassung der relevanten Informationen aus dem Begleitband des Zahlenbuchs. Wenn nötig werden diese ergänzt mit Überlegungen zur musikalischen Arbeit am Thema.

Musikalische Aspekte: Musik kann man nicht beschreiben, man muss sie tun. Deshalb probiert man am besten vieles in diesem Abschnitt gleich während des Lesens selbst aus. Die themenrelevanten musikalischen Zugänge werden hier erläutert, wobei auch die unterschiedlichen Qualitäten und die möglichen Widersprüche der vorgeschlagenen Handlungsweisen zu anderen Zugängen erklärt werden.
Wichtige Orientierungen sind hier die musikalischen Parameter, die Gehörbildung und die Umsetzung musikalischer Gestalten in visuelle Formen (v.a. Verschriftlichung).

Voraussetzungen: Die meisten Übungen lassen sich den Voraussetzungen der Klasse entsprechend variieren. Oft werden in den Impulsen auch elementare musikalische Fertigkeiten wie «Puls halten», «imitieren», «zuhören» usw. geübt. An dieser Stelle werden jeweils nur spezifische Voraussetzung aus anderen Themenkreisen erwähnt, die für die musikalische Arbeit am betreffenden Themenkreis wichtig sind.

Lehren und Lernen: Zu den Stichwörtern Wahrnehmung, Konzentration, Lernklima, Kreativität, Teamverhalten, Kommunikation, Motivation und Selbstvertrauen werden hier herausragende Effekte der musikalischen Arbeit zum jeweiligen Themenkreis besprochen.

- Wahrnehmung: Musik und Bewegung unterstützen den Wahrnehmungs- und Differenzierungsprozess: Schülerinnen und Schüler lernen, dass Sachverhalte nicht nur visuell oder haptisch, sondern auch auditiv und kinästhetisch erfasst werden können. Die mentalen Vorstellungen und die subjektiven Theorien, welche die einzelnen Kinder aus den entstehenden Situationen konstruieren, können sehr unterschiedlich sein. Von den Lehrenden ist differenziertes Beobachten und eine sensible Wahrnehmung gefordert.

- Konzentration: Gemeinsames Musizieren mit verteilten Rollen, spielerische Gehörbildungsübungen und musikalische Kettenspiele sind zwar spannend, aber auch anstrengend. Da klangliche Ereignisse flüchtig sind, fordern sie eine sehr hohe Konzentration. Im Spiel wird dies oft vergessen. Als Moderatorin solcher Phasen hat die Lehrperson die wichtige Aufgabe, die laufenden Prozesse zu beobachten und, wenn notwendig, im richtigen Moment steuernd einzugreifen. Oft sind kleine Veränderungen in der Spielform (Aufstellung, Spielrichtung usw.), Hilfe bei der Rollenverteilung oder die Definition spezieller Aufträge (Beobachten, Beschreiben, Coaching usw.) entscheidend.

- Lernklima: Das Lernklima ist abhängig von einer guten Atmosphäre in der Klasse und einem offenen Umgang mit individueller Leistungsfähigkeit und mit persönlichen Grenzen. Viele der vorgeschlagenen Spiel- und Arbeitsformen wirken integrierend. Es ist die Aufgabe der Lehrperson, die Gruppenprozesse zu begleiten und zu moderieren. Unser Umgang mit Fehlern in Lernprozessen beschränkt sich oft auf deren Tilgung und Verbesserung in statischen Situationen. Beim Musizieren hat der laufende Prozess die höchste Priorität. Sofortiges Korrigieren von kleinen Fehlern ist deshalb oft ein grosser Fehler, da der musikalische Fluss unterbrochen wird. Üben hat mit Fehler machen, Fehler erkennen und Strategien entwickeln zu tun. Zudem ist zu beachten, dass vielen Fehlern ein interessantes kreatives Potenzial innewohnt.

- Kreativität: Viele Aufgaben spielen mit einzelnen Tönen oder Geräuschen oder sie basieren auf einem wiederholten einfachen Muster. Solche einschränkenden Rahmenbedingungen sind oft die Basis für aussergewöhnliche Lösungen und geistreiche Gestaltungen und oft auch der Motor für die Entwicklung weiterer Spielformen. Ebenso aktiviert das Umsetzen von musikalischen Äusserungen in andere Zeichensysteme (und umgekehrt) ein riesiges Potenzial von kreativen Leistungen der Schülerinnen und Schüler wie auch der Lehrpersonen.

- Teamverhalten: Hohe Eigenständigkeit und gleichzeitig viel Empathie ist beim Musizieren gefordert. Schafft es die Gruppe, einen gemeinsamen Puls zu halten, das heisst, das Tempo der Vorgänger zu übernehmen? Schafft es die Solistin, sich zu exponieren und gleichzeitig zuzuhören und sich einzufügen? In der Musik geht es meist darum, im Team wechselnde Rollen auszufüllen (Solo / Begleitung) und immer gleichzeitig sowohl (Mit-)Spielerin als auch Zuhörer zu sein.

- Kommunikation: Musik ist eine Sprache mit hohem Interpretationsbedarf, aber mit geringen intellektuellen Schranken. Gemeinsames musikalisches Handeln beruht auf gleichzeitigem Bei-sich-, Bei-der-Sache- und Bei-den-Mitspielenden-Sein. Nonverbale Kommunikation hat dabei einen hohen Stellenwert.
  Wenn jemand etwas vorspielt, müssen alle gleichzeitig und vom Anfang bis zum Schluss zuhören, um das Resultat zu beurteilen oder selbst musikalisch zu reagieren.
  Klangliche Kommunikation funktioniert auch mit geschlossenen Augen, im dunklen Raum oder hinter Hindernissen.

- Motivation: Die Motivation der Kinder, zu hören und zu verstehen, ist grundsätzlich hoch. Klangliche Repräsentationen ermöglichen es, verbalsprachliche oder visuelle Anforderungen für einen Moment zu reduzieren. Selbst musizieren (allein und in der Gruppe) ist immer auch mit Bewegung und mit Kommunikation verbunden und kommt dem natürlichen Ausdrucksbedürfnis der Kinder entgegen. Die Lust zu spielen ist wohl allen Kindern eigen und liegt auch musikalischer Tätigkeit zugrunde, denn Musizieren ist Spielen.

- Selbstvertrauen: Etwas vorzuzeigen, eine Lösung zu präsentieren usw. bedingt in musikalischer Tätigkeit von Beginn weg ein gesundes Selbstbewusstsein: «Ich und die Sache – und die anderen hören zu!». Dabei kann gelernt werden, dass Fehler zu machen keine Schande ist – und diese Erfahrung macht ebenso stark wie das im Üben gewonnene Vertrauen, dass Fremdes, Schwieriges und gar scheinbar Unmögliches für sich gewonnen werden kann.

Impulsseiten

Material: Beschreibung der verwendeten Materialien. Die Musikbeispiele sind auf der beiliegenden CD enthalten, die erwähnten Lieder und Beilagen finden sich im Anhang.

Handlungsvorschlag: Ein Vorschlag für eine mögliche Realisierung des Impulses wird hier Schritt für Schritt vorgestellt. Eine flexible Handhabung in der konkreten Situation ist aber selbstverständlich. Insbesondere ist eine Verteilung der Lernschritte auf mehrere Sequenzen oder deren spielerische Wiederholung der jeweiligen Klassensituation anzupassen.

Varianten: Oft ergeben sich in der praktischen Arbeit sinnvolle Varianten. Einige davon sind hier beschrieben, weitere werden auf www.mamu.ch gesammelt.

Weiterführende Möglichkeiten: Jeder Impuls kann in verschiedene Richtungen weiterführen. Einige Möglichkeiten sind hier vorgestellt, weitere können auf der Website www.mamu.ch ausgetauscht werden.

Hintergrund und Informationen: Spezifische Informationen und insbesondere Hinweise auf spezielle Schwierigkeiten oder Chancen des vorliegenden Impulses sind unter diesem Stichwort zu finden.

Literatur und Quellen: Falls vorhanden, ist hier die Quelle der Idee oder der verwendeten Materialien angegeben.

Website: Bei vielen Impulsen wird auf die Website www.mamu.ch hingewiesen. Dort sind vertiefende Hintergrundinformationen, Lösungsvorschläge und weiterführende Ideen zu finden. Gleichzeitig dient diese Webseite als Plattform für den Austausch zwischen interessierten Schulklassen sowie für die Weiterentwicklung des Projektes «Mathe macht Musik».
Die Impulse sind auf der Website nach denselben Nummern geordnet wie im Buch (Band-Themenkreis-Impuls) und so oder über die Stichwortsuche der eingebauten Suchmaschine leicht zu finden.

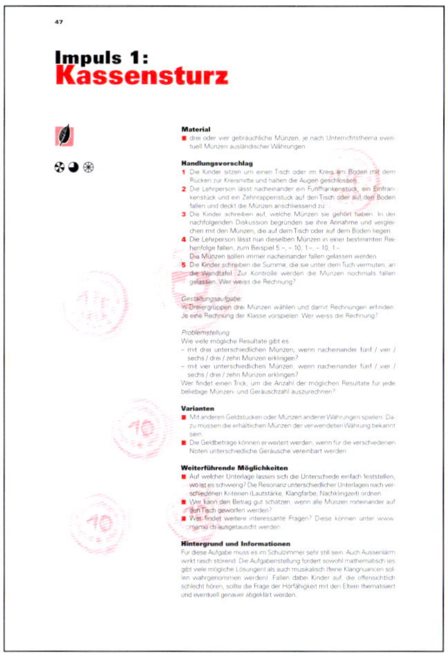
47

Impuls 1:
Kassensturz

Material
- drei oder vier gebräuchliche Münzen, je nach Unterrichtsthema eventuell Münzen ausländischer Währungen

Handlungsvorschlag
1. Die Kinder sitzen um einen Tisch oder im Kreis am Boden mit dem Rücken zur Kreismitte und halten die Augen geschlossen.
2. Die Lehrperson lässt nacheinander ein Fünffrankenstück, ein Einfrankenstück und ein Zehnrappenstück auf den Tisch oder auf den Boden fallen und deckt die Münzen anschliessend zu.
3. Die Kinder schreiben auf, welche Münzen sie gehört haben. In der nachfolgenden Diskussion begründen sie ihre Annahme und vergleichen mit den Münzen, die auf dem Tisch oder auf dem Boden liegen.
4. Die Lehrperson lässt nun dieselben Münzen in einer bestimmten Reihenfolge fallen, zum Beispiel 5.–, –.10, 1.–, –.10, 1.–.
   Die Münzen sollen immer nacheinander fallen gelassen werden.
5. Die Kinder schreiben die Summe, die sie unter dem Tuch vermuten, an die Wandtafel. Zur Kontrolle werden die Münzen nochmals fallen gelassen. Wer weiss die Rechnung?

Gestaltungsaufgabe
In Dreiergruppen drei Münzen wählen und damit Rechnungen erfinden. Je eine Rechnung der Klasse vorspielen. Wer weiss die Rechnung?

Problemstellung
Wie viele mögliche Resultate gibt es
– mit drei unterschiedlichen Münzen, wenn nacheinander fünf / vier / sechs / drei / zehn Münzen erklingen?
– mit vier unterschiedlichen Münzen, wenn nacheinander fünf / vier / sechs / drei / zehn Münzen erklingen?
Wer findet einen Trick, um die Anzahl der möglichen Resultate für jede beliebige Münzen- und Geräuschzahl auszurechnen?

Varianten
- Mit anderen Geldstücken oder Münzen anderer Währungen spielen. Dazu müssen die erhältlichen Münzen der verwendeten Währung bekannt sein.
- Die Geldbeträge können erweitert werden, wenn für die verschiedenen Noten unterschiedliche Geräusche vereinbart werden.

Weiterführende Möglichkeiten
- Auf welcher Unterlage lassen sich die Unterschiede einfach feststellen, wo ist es schwierig? Die Resonanz unterschiedlicher Unterlagen nach verschiedenen Kriterien (Lautstärke, Klangfarbe, Nachklingzeit) ordnen.
- Wer kann den Betrag gut schätzen, wenn alle Münzen miteinander auf den Tisch geworfen werden?
- Wer findet weitere interessante Fragen? Diese können unter www.mamu.ch ausgetauscht werden.

Hintergrund und Informationen
Für diese Aufgabe muss es im Schulzimmer sehr still sein. Auch Aussenlärm wirkt rasch störend. Die Aufgabenstellung fordert sowohl mathematisch (es gibt viele mögliche Lösungen) als auch musikalisch (feine Klangnuancen sollen wahrgenommen werden). Fallen dabei Kinder auf, die offensichtlich schlecht hören, sollte die Frage der Hörfähigkeit mit den Eltern thematisiert und eventuell genauer abgeklärt werden.

Muster und Ordnungen

→ **Zahlenbuch:**

Die Auseinandersetzung mit Ordnungen verschiedenster Art soll helfen, die Fantasie und Kreativität beim Erfinden und Erkennen von gesetzmässigen Mustern in geometrischen Figuren oder in Zahlenfolgen zu entwickeln.
Die Fähigkeit, Muster aufgrund qualitativer Eigenschaften zu erkennen, zu vergleichen, zu bilden, zu ergänzen und zu beschreiben, dient der Entwicklung und Festigung des arithmetischen und des räumlichen Vorstellungsvermögens.
Spiegel und Spiegelbuch, Zirkel und Geodreieck sind Hilfsmittel zum Erzeugen von Mustern.

Musikalische Aspekte: Musikalische Pattern und Bewegungsmuster

Muster, Ornamente oder Serien können mit Formen und Zahlen, aber auch mit Geräuschen, Tönen und Bewegungen gestaltet werden. Kombinatorische Konstruktionsregeln, Wiederholungen, Varianten und Spiegelungen spielen auch bei der Gestaltung von Klang- und Bewegungsmustern eine wichtige Rolle. Akustische Muster (Pattern) sind die Basis ganz unterschiedlicher Musik. Sie sind wichtige Bausteine, die helfen, Musik zu verstehen und selber zu komponieren. In den Impulsen dienen unterschiedliche visuelle Formen dazu, Klang- oder Bewegungsabläufe festzuhalten. Visuelle Muster werden damit zu einem Hilfsmittel für die Notation von Musik- und Bewegungsverläufen.
Bewegungsfolgen und Schrittmuster sind fühlbar und sichtbar. Die Dimensionen des Ausdrucks sind dabei Raum, Zeit und Kraft. Bewegungsfolgen und Schrittmuster lassen sich in Klang umsetzen und verschriftlichen (Impuls 2 und 5). Beim Trommeln (Impuls 4) verschmelzen die Klang- und die Bewegungsebene: Bewegungsmuster erzeugen akustische Pattern.
Musikalische Muster können sich in den Klangfarben, in der Zeitstrukturierung, in den Lautstärkeverhältnissen, in Tonhöhen oder in Harmoniefolgen verstecken (Impulse 1, 3 und 4). Oft besteht Musik aus mehreren Mustern, die gleichzeitig auf unterschiedlichen Ebenen erklingen. Das Ohr lässt sich dabei auf einzelne Aspekte richten. Bei der Farbmustermusik (Impuls 3) wird die Folge der Begleitharmonien mit Farbmustern dargestellt und in Bewegungsmuster umgesetzt.

Voraussetzungen

Das Material für die musikalische Arbeit mit Formen und Bewegung reicht von einfachsten Mustern (Gehen, Klatschen usw.) bis zu sehr komplexen Gestaltungen. Es ist die Aufgabe der Lehrperson, in ihren Anforderungen und mit Akzentuierungen immer wieder neue sinnvolle Varianten zu erfinden und dabei auf die aktuelle Situation zu reagieren, zum Beispiel mit einfacheren Formen Voraussetzungen für die Bewältigung komplexerer Muster zu schaffen. Oft entstehen im Spiel neue, überraschende und interessante Ideen.

Lehren und Lernen

- *Wahrnehmung: Muster zu erkennen, zu unterscheiden und benennen zu können ist eine Grundvoraussetzung des Lernens. Durch ihre Unmittelbarkeit und ihre Flüchtigkeit stellen auditive Pattern und Bewegungsmuster spezielle Anforderungen.*
- *Konzentration: Das Spiel in einer Gruppe erfordert ein gemeinsames Metrum, das Durchhalten des Tempos in Verbindung mit zusätzlichen Anforderungen von jedem Mitspielenden hohe Konzentration.*
- *Teamverhalten: Werden Muster in Gruppen gespielt oder verschiedene Pattern miteinander kombiniert oder nacheinander gespielt, ist es entscheidend, bei sich und gleichzeitig bei den anderen zu sein. Um den eigenen Einsatz zur rechten Zeit zu bringen, ist es unerlässlich, den anderen zuzuhören.*
- *Kreativität: Innerhalb eines abgesprochenen Rahmens eigenständig Lösungen zu suchen weckt die kreativen Fähigkeiten. Durch die unterschiedlichen Lösungen der Mitschülerinnen und Mitschüler wird die eigene Kreativität zusätzlich angeregt.*
- *Selbstvertrauen: In einigen Sequenzen geht es darum, ein Muster vorzuzeigen, eine Lösung zu präsentieren oder sein eigenes Pattern zu spielen, während ein anderes erklingt.*

Impuls 1: Kreuzchenmuster

→ **CD**

→ **Zahlenbuch:**
4: 21

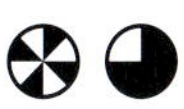

a. 

b. 

c. 

Material

- CD (Track 1–4): Kreuzchenmuster
- kariertes Papier, Farbstifte

Handlungsvorschlag

1. An der Wandtafel stehen die nebenstehenden Muster (Abbildung). Welches akustische Muster (CD Track 1–4) passt zu welchem Kreuzchenmuster?
2. Die Lösungen auf dem Pult nachspielen. Dazu ein Buch auf das Pult legen und regelmässig für die roten Kreuzchen mit beiden Händen flach auf das Pult, für die anderen auf das Buch patschen. Wer kann ein Muster alleine vorspielen?
3. Wer kann das Muster der Klangfolge von der CD Track 3 zeichnen?

Problemstellung:
Wer kann die Fortsetzungen spielen? Dazu das Muster auf ein kariertes Papier übertragen und es weiterführen. Achtung: Bei Muster c gibt es zwei richtige Lösungen!

Gestaltungsaufgabe:

1. In Partnerarbeit erfinden die Kinder eigene Muster auf dem karierten Papier und spielen sie einander vor. Wer kann das Muster nachspielen? Wer kann die Fortsetzung notieren?
2. In Gruppen klingende Muster erfinden, üben und anschliessend der Klasse vorspielen. Wer kann das gehörte Muster notieren? Resultate vergleichen und besprechen.

Varianten

- Muster auf Instrumente, Bewegungen, Sprachsilben oder Lichtimpulse (Taschenlampen) übertragen.
- Muster mit Strassenkreiden auf Bodenplatten markieren. Hüpf- und Singspiele erfinden. Siehe Mathe macht Musik 3, Impuls 1/3 «Step by Step». Weitere Ideen können auf www.mamu.ch ausgetauscht werden.

Weiterführende Möglichkeiten

- Unterschiedliche Farben verschiedenen Klängen zuordnen (Beispiel: blau = Sticks, rot = Rassel, gelb = Glocke, weiss = Pause) und bunte Muster erfinden. Die Kinder gruppenweise den Farben (Instrumenten) zuordnen und anschliessend das Muster mit verteilten Rollen spielen.
- Eine Gruppe spielt ihr Muster vor. Eine zweite Gruppe versucht mit anderen Instrumenten das Muster zu übernehmen. Die erste Gruppe hört auf zu spielen, sobald die neuen Instrumente das Muster richtig übernommen haben. Ohne Sichtkontakt ist es schwieriger!
- Verschiedene Muster zu längeren Formen oder zu mehrstimmigen Mustern kombinieren. Wer kann solche Muster notieren?

Hintergrund und Informationen

Durchgehende Muster sind oft einfacher zu spielen als solche mit Pausen (leere Kästchen). Je länger ein Muster ist, desto schwieriger ist es zu erfassen und zu automatisieren. Oft hilft das Unterteilen in mehrere kleine Muster.

Impuls 2: Sonnentanz

→ **CD**

→ **Zahlenbuch:**
3: 91
4: 92

Material

- CD (Track 5): Johann Sebastian Bach, Largo aus dem Klavierkonzert in f–moll
- Papierbogen, Wachskreiden

Handlungsvorschlag

Der Tanz besteht aus acht Schritten (4 x rechts/links), die sich immer wiederholen (Abbildung 1– 4):
Schritt 1 und 2: R rückwärts / L rückwärts (Abbildung 1)
Schritt 3 und 4: Gewichtsverlagerung R / L (Abbildung 2)
Schritt 5 und 6: R vorwärts / L vorwärts (Abbildung 3)
Schritt 7 und 8: R nach rechts / L nach rechts zum rechten Bein (Abbildung 4)

1 In der Gruppe stehend auf Ansage der Lehrperson die Schrittpaare ohne Musik üben und kombinieren. Wer die Schrittfolge auswendig kann, geht an seinen Platz und versucht den Ablauf auf einem grossen Blatt Papier aufzuzeichnen.

2 Die ▶ Notationsarten werden verglichen und gelesen. Dabei fällt auf, dass dasselbe Bewegungsmuster unterschiedlich abgebildet werden kann. Vorteile und Nachteile einzelner Notationsarten werden besprochen (Kriterien: Lesbarkeit, Ästhetik, Genauigkeit, dargestellte Elemente).

Sonnentanz:
Die Klasse steht mit gefassten Händen im Kreis (V–Fassung, siehe Abbildung 5) und symbolisiert so die Sonne. Alle sind zur Kreismitte, zur Sonnenmitte gewandt, tragen nun mit der geübten Schrittfolge das Licht, die Wärme, die Kraft mit den Strahlen nach aussen und kommen dann wieder zurück zum kleineren Kreis. Dann rücken alle einen Platz nach rechts, gleichsam zum nächsten Strahl.
Anschliessend den Tanz zur Musik (CD Track 5) tanzen und dabei genau auf das Tempo achten.

Weiterführende Möglichkeiten

- Notationsmöglichkeiten für den Kreistanz entwickeln und auf der Seite www.mamu.ch vorstellen. Mandalas können als Anregung dienen.
- Andere Musik suchen, die zu dieser Schrittfolge passt. Kriterien entdecken und besprechen.
- Eigene Schrittfolgen zu dieser oder zu anderer Musik erfinden.

Hintergrund und Informationen

Die feinen Temposchwankungen der Aufnahme sollen im Tanz mitgelebt werden. Das Timing der Schritte ist nicht immer ganz leicht zu finden. Die Musik und die tanzenden Gruppenmitglieder sind zwei unterschiedliche Orientierungsmöglichkeiten.
Der Tanz hat einen sehr meditativen Charakter. Er eignet sich gut als bewegte Pause im Verlauf des Tages.

Quellen, Literatur

Tanzchoreografie von Bernhard Wosien aus: CD Volkstänze von JUSESO

Abbildung 1

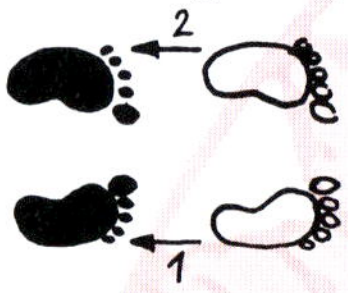

Abbildung 2

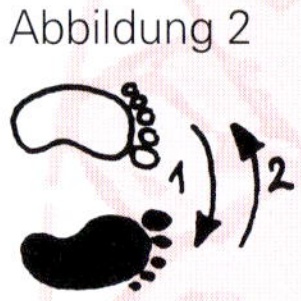

Abbildung 3

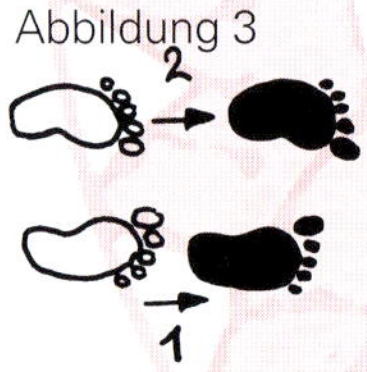

Abbildung 4

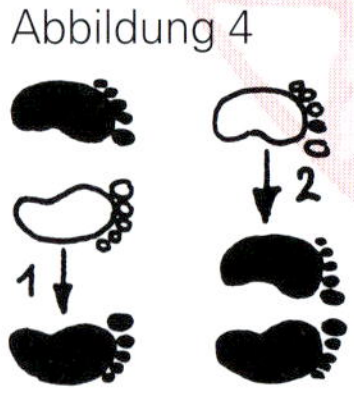

Abbildung 5

Impuls 3: Farbmustermusik

→ **CD**

→ **Zahlenbuch:**
4: 21

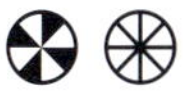

Material

- CD (Track 6 –11): Farbmustermusik; Lieder und Begleitungen
- Kopiervorlagen: Farbmusterlieder, S. 65 – 67
- eventuell farbige Karten im Format A6 (rot, blau, gelb)

Handlungsvorschlag

1. Die Kinder sitzen am Pult. Sie hören mit geschlossenen Augen das Lied CD Track 6. Zu Beginn stützen sie ihren Kopf mit der linken Hand auf (Tonika). Erklingt der andere Begleitakkord (Dominante) (▶ Akkord) wird der Kopf mit der rechten Hand aufgestützt (Abbildung 1).
2. Im Kreis stehend das Lied in der Klasse zum Playback (CD Track 7) singen. Treten an Ort zur Tonika, ein Schritt nach vorn beim Wechsel zur Dominante.
3. Die Akkordwechsel bei weiteren geeigneten Liedern und Begleitungen heraushören (CD Track 8–9) und mit zwei unterschiedlichen Haltungen begleiten.

Abbildung 1

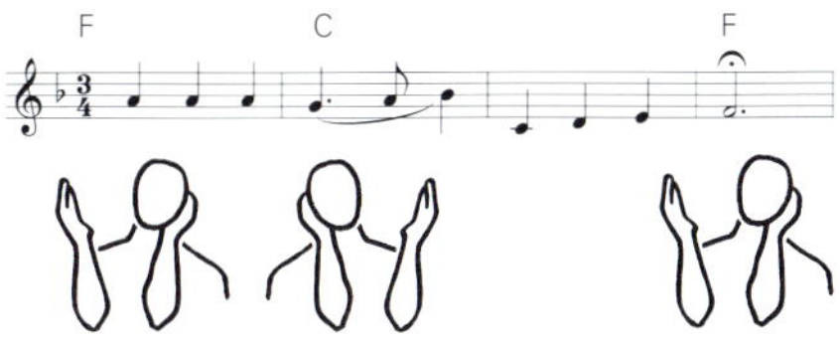

Gestaltungsaufgabe:
Wer findet zwei lustige Haltungen und kann mit diesen die Akkordwechsel in einem Lied anzeigen?

Höraufgabe:
Bei vielen Liedern werden für die Begleitung drei Akkorde benötigt: Tonika, Dominante und Subdominante. In Gruppen drei unterschiedliche Haltungen festlegen und damit die Akkordwechsel der CD (Track 10 –11) begleiten.

Abbildung 2

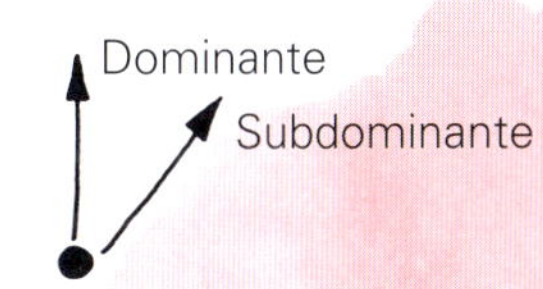

Varianten

- Stufenwechsel (Tonika = treten an Ort, Dominante = ein Schritt nach vorn, Subdominante = ein Schritt nach rechts vorn) mit der ganzen Klasse im Kreis tanzen (Abbildung 2).
- Den Stufen Farben zuordnen und die Begleitung mit farbigen Karten auslegen: pro Takt eine Karte, bei halbtaktiger Begleitung halbe Karten verwenden.
- Akkordtöne farbig markieren. Dem «Begleitorchester» die Akkordwechsel mit farbigen Karten anzeigen.

F-Dur

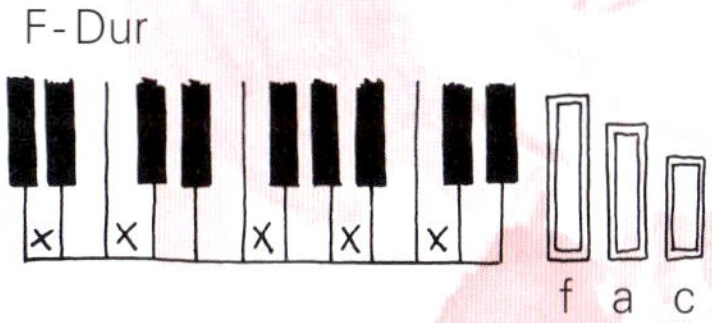

B-Dur

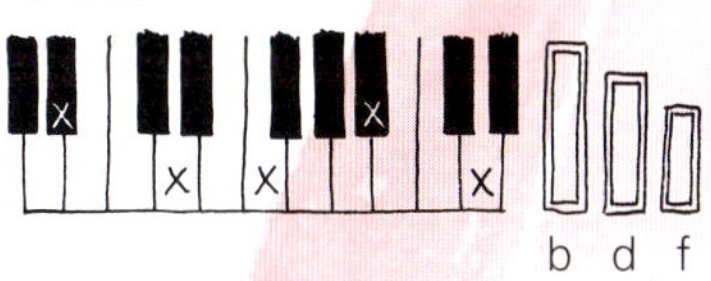

C-Dur

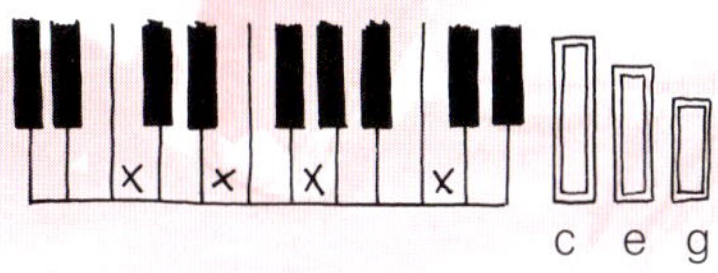

Weiterführende Möglichkeiten

- Den Text eines bekannten Liedes notieren und mit Farben die Begleitakkorde markieren. Überprüfen der Resultate mit den markierten Tönen auf den Instrumenten.
- Eigene Akkordfolgen erfinden und mit Begleitmustern (siehe Impuls 1/4 «Trommelmuster») kombinieren. Aus solchen Begleitungen können eigene Lieder oder ▶ Kanons entstehen.
- Akkordfolgen in Kanons untersuchen.
- Farbmusterbegleitungen in anderen Tonarten spielen.

Hintergrund und Informationen

Mit drei Akkorden gibt es bereits sehr viele Kombinationsmöglichkeiten. Jede «falsche» Akkordkombination zu einer Melodie kann Grundlage für eine neue Melodie sein. «Falsche» Lösungen werden so als neue Möglichkeiten weiter genutzt.
Akkordwechsel zu erkennen ist eine Fähigkeit, die wie das Lesen und Schreiben von Rhythmen oder Tonhöhenfolgen geübt werden kann. Die individuellen Voraussetzungen sind bei allen Hör-, Wiedererkennungs- und Zuordnungsaufgaben sehr unterschiedlich.
Neben Rhythmus, ▶ Dynamik, Tonhöhen und Klangfarben sind die Akkorde (Harmonien) ein wichtiges musikalisches Ausdrucksmittel und motivierende Grundlage für Improvisationen.

Impuls 4: Trommelmuster

→ **CD**

→ **Zahlenbuch:**
4: 21

Abbildung 1

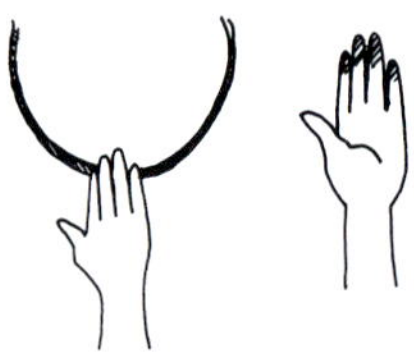

Tip

Abbildung 2

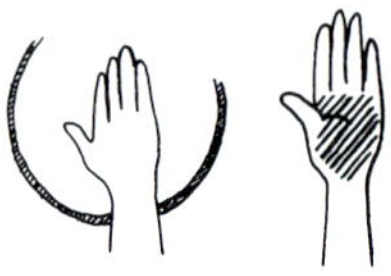

Bass

Abbildung 3

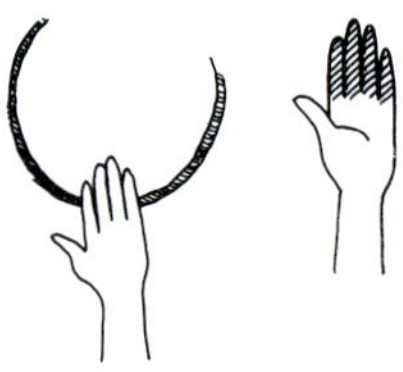

offener Schlag

Material

- Trommeln oder Trommelersatz (Kartonschachtel, Tischplatte, Plastikeimer usw.)
- Trommelbau siehe www.mamu.ch
- CD (Track 12–17): Trommelmuster

Handlungsvorschlag

Auf jeder Trommel lassen sich verschiedene Klänge erzeugen. Diese sollen nach und nach mit den Kindern entdeckt und geübt werden. Mit den Händen gespielt können verschiedene Schlagarten unterschieden werden (Abbildung 1–3).
Bereits mit zwei unterschiedlichen Klängen können die Muster von Impuls 1/1 «Kreuzchenmuster» umgesetzt werden. Die Trommel wird immer abwechslungsweise mit der rechten und der linken Hand gespielt. Obwohl das regelmässige Bewegungsmuster L–R–L–R–L–R–L–R–L rasch automatisiert ist, sind Kombinationen mit unterschiedlichen Schlagarten gar nicht so einfach. Darum zuerst die folgenden einfacheren Trommelmuster üben.

Problemstellung:
Auf der CD werden einige Muster vorgestellt:
– Beispiele 1–3: mit Bass und Tip (CD Track 12–14)
– Beispiele 4–6: mit Bass, Tip und offenem Schlag (CD Track 15–17)
1 Wer schafft es, die Muster nachzuspielen?
2 Wer kann ein solches Muster notieren?
3 Track 14 ist ein Muster von Impuls 1/1 «Kreuzchenmuster». Welches? Nach wie vielen Schlägen beginnt das Muster wieder mit der Starthand, wenn immer abwechslungsweise mit der linken und der rechten Hand gespielt wird?

Gestaltungsaufgabe:
Weitere Trommelmuster in der Klasse erfinden, üben und eventuell notieren. Werden den Mustern Namen gegeben, sind die Muster einfacher zu merken, und bald ist ein Klassenrepertoire aufgebaut. Auf der Website www.mamu.ch werden Trommelmuster gesammelt.

Variante

- Unterschiedlich grosse Kartonschachteln mit Stöcken bespielen. Auch hier sind die Handfolgen gut zu überlegen. Manche Muster sind einfacher, wenn man sie mit der linken Hand beginnt, andere umgekehrt. Diese Folgen lassen sich auch auf die verschiedenen Toms eines Schlagzeuges übertragen.

Weiterführende Möglichkeiten

- Trommelmuster zu verschiedenen Taktarten erfinden (3/4, 4/4, 6/8, 7/8, 9/8 usw.)
- Verschiedene Muster zu längeren Formen oder zu mehrstimmigen Stücken kombinieren.

Hintergrund und Informationen

Der Tip-Schlag (V) ist eigentlich ein stummer Schlag. Damit kann trotz akustischen Pausen ein durchgehendes Bewegungsmuster gehalten werden. Je länger ein Muster ist, desto schwieriger ist es zu erfassen und zu automatisieren. Oft hilft das Unterteilen in mehrere kleine Muster.
Trommeln eignet sich gut, um sich in der Gruppe zu sammeln und zu konzentrieren. Mit der Zeit entwickeln sich eine eigentümliche Kraft und ein starkes Gruppengefühl.

Quellen, Literatur

Rigert, Stephan (1988). Djembeschule, Musikhaus Pan AG. Verlag Stephan Rigert: Bern

Impuls 5: Jonglage

Material

- Rhythm-Säckchen (siehe Bastelanleitung) oder Jonglierbälle

Handlungsvorschlag

Aufwärmen:

Das Säckchen regelmässig von einer ausgestreckten Hand in die andere werfen. Bewegung vergrössern, verkleinern, beschleunigen und verlangsamen. Dieses einfache Bewegungsmuster kann auch verändert werden, indem auf unterschiedliche Arten geworfen (unter dem Bein durch, über die Schulter) oder gefangen wird oder das einfache Hin- und Herwerfen mit zusätzlichen Aktionen (klatschen, drehen usw.) kombiniert wird. Wer kann zum rhythmischen Werfen und Fangen ein Lied singen?

Abbildung 1

Abbildung 2

Abbildung 3

Abbildung 4

Üben:

- Linker Arm ausgestreckt und mit der rechten Hand das Säckchen über den Arm werfen, sofort auf der anderen Seite wieder fangen und zurückwerfen (Abbildung 1).
- Linker Arm ausgestreckt und mit der rechten Hand das Säckchen einmal links und einmal rechts des ausgestreckten Armes hochwerfen und wieder fangen (Abbildung 2).
- Linker Arm ausgestreckt und mit der rechten Hand das Säckchen unter dem ausgestreckten Arm hindurch hochwerfen und auf der anderen Seite wieder fangen und sofort wieder unter dem ausgestreckten Arm hindurch aufwerfen (Abbildung 3).
- Linker Arm ausgestreckt mit der Handfläche nach unten. Dann mit der rechten Hand das Säckchen über den ausgestreckten Arm werfen, sofort auf der anderen Seite wieder fangen, aufwerfen und mit der linken Hand auffangen (Abbildung 4).

Gestaltungsaufgabe:

Neue Muster erfinden, den Klassenkameradinnen und -kameraden vormachen, beschreiben oder auf Video aufnehmen. Auf www.mamu.ch gibt es eine Sammlung von schönen Jongliermustern.

Bastelanleitung Rhythm-Säckchen

Grösse individuell
(Ø Handteller)

nach Wenden füllen
(Couscous Nr. 4 oder Hirse),
Naht schliessen

Varianten

- Eines oder mehrere Säckchen im Kreis weitergeben. Einfache und schwierige Muster zum Weitergeben erfinden.
- Anstelle der Rhythm-Säckchen andere Gegenstände verwenden, zum Beispiel Chiffontücher, farbige Schachteln oder Kartonteller.

Weiterführende Möglichkeiten

- Zu einem Lied oder einer Musik eine stumme Begleitung mit den Säckchen erfinden und vorführen.
- Ein Bewegungsmuster als Begleitung zu stereotypen Rechenübungen verwenden (wie im Impuls 4/1 «Juba-Rechnen»).
- Muster mit mehreren Säckchen und/oder Mitspielenden erfinden.
- Zum Jonglieren mit drei Bällen muss das entsprechende Muster gefunden werden, dann ist es gar nicht mehr so schwierig.

Hintergrund und Informationen

Bewegung hat mit Timing zu tun. Rhythmisch exakte Bewegungsabläufe und Bewegungsmuster sind auch beim Musizieren von hoher Bedeutung.
Muster können automatisiert werden, wenn sie als Einheit erkannt und begriffen sind. Alle Muster gegengleich üben.
Das Rhythm-Säckchen wurde als Werkzeug für die Arbeitsmethode «Rythme en mouvement» vom Schweizer Perkussionisten Pierre Favre entwickelt. Im Arbeitsheft «MUS IK oder MUS IK nicht» wird die Methode vorgestellt.

Quellen, Literatur

Cslovjecsek, M. & Spychiger, M. (1998). MUS IK oder MUS IK nicht? – Musik als Unterrichtsprinzip. Hölstein: swch

Zahlenraum und Zahlbegriff

→ Zahlenbuch:

3: Orientierung im Tausenderraum
18–31
Grosses Einmaleins 50–55
Brüche 83
Über Tausend hinaus 88–89
4: Das Millionbuch 14–19, 22–25
Brüche 90
Über die Million hinaus 91

1: Orientierung im Zwanzigerraum
2–17, 26
Verdoppeln 32–33
Halbieren 74
2: Orientierung im Hunderterraum
2–4, 8–18
Ganze, Halbe und Viertel 27
5: Brüche im Alltag 36–37
Bruchteile darstellen 38–39
Bruchteile erkennen und
darstellen 40–41
Bruchteile im Kreismodell 42–43
Bruchteile von Grössen 58–61
Bruchteile legen und zeichnen
62–63
Dezimalzahlen 88–91
6: Dezimalzahlen 6–7
$^{1}/_{4}$ + $^{1}/_{5}$ 18–19
Brüche vergleichen 20–21
$^{1}/_{3}$ von $^{1}/_{4}$ 42–43
Bruchzahlen – Dezimalzahlen 66–67
Brüche erweitern und kürzen 68–69
Dezimalzahl, Bruch, Prozent 70–71

Die Erweiterung des Zahlenraums zum Tausenderraum in der dritten Klasse und zum Millionraum in der vierten Klasse basiert auf dem in den ersten beiden Schuljahren eingeführten Arbeits- und Demonstrationsmaterial Zahlenstrahl, Stellentafel, Ziffernkarten, Hunderterfeld, Tausenderbuch und Millionbuch. Das Operieren im Millionraum und das Sachrechnen mit Hohlmassen, Längenmassen und Gewichten helfen mit, die Sicherheit im Umgang mit grossen Zahlen zu festigen. Aufbauend auf Alltagserfahrungen werden auch Bruchzahlen (Kreisdarstellung) und Dezimalzahlen (Geld) dargestellt, geordnet und verglichen.

Musikalischer Aspekt: Sprechrhythmen und klingende Zahlen

Fortlaufendes Zählen ist geprägt von Rhythmus und Taktstrukturen. Dieses Phänomen wirkt auch umgekehrt: Stereotype rhythmische Aktivität provoziert über Takt und Rhythmus ein innerliches Zählen, eine Art verbaler Begleitung. Es gibt Menschen, die sich während des Treppensteigens beim Zählen der Stufen ertappen, oder solche, die beim Warten ihre Atemzüge zählen. Dieser Reflex funktioniert, kombiniert mit organischer Zwerchfellatmung, auch beim Seilspringen. Impuls 3 spielt mit dieser Koordinationsleistung zwischen Stimme und Bewegung und schult dabei die Orientierung am regelmässigen Puls: Zum Rhythmus des Hüpfens werden im Vorwärts- und Rückwärtszählen Zahlen gerappt. In Impuls 1 sollen ausgewählte Zahlenreihen möglichst geschickt als Text zu einer einfachen Melodie arrangiert werden (siehe dazu auch Impuls 6/2 «Zahlen-Rap»).
Das Geräusch des Schreibzeugs wurde in Mathe macht Musik 1 im Themenkreis 1 «Muster und Ordnungen» als faszinierende Kommunikationsart kennen gelernt. Im Impuls 2 werden die feinen Klangunterschiede für Zahlendiktate genutzt. Dabei fällt auf, dass es klanglich (und natürlich auch im Bewegungsablauf) einen Unterschied macht, ob eine Zahl mit der linken oder mit der rechten Hand geschrieben wird, und dass der Rhythmus beim Schreiben auch vom Fluss der Schrift geprägt ist.

Lehren und Lernen

- *Wahrnehmung: Der Ablauf der Schreibbewegung (Impuls 2) für die einzelnen Ziffern ist für Links- und Rechtshänder unterschiedlich. In der deutschen Sprache ist zudem die Schreib- und Leserichtung der Zahlen unterschiedlich (26, aber sechsundzwanzig). Werden solche Phänomene im Unterricht zum Thema, helfen sie durch die ungewohnte Perspektive mit, Grundlagenkenntnisse in unterschiedlichen Disziplinen zu vertiefen.*
- *Konzentration: Die Kombination von Zähl-, Lese- oder Rechenaufgaben mit Bewegungs- oder Koordinationsübungen bedeutet eine hohe Anforderung an Körper und Intellekt. Zählen findet immer in Situationen statt, die selbst einen grossen Teil der Aufmerksamkeit beanspruchen. Zählen unter erschwerten Bedingungen ist demnach realitätsnah. Ähnlich wirkt der Stress, der in Impuls 2 durch das erforderte genaue und zeitgebundene Hören entstehen kann. Die dabei vorausgesetzte absolute Ruhe schafft eine günstige Atmosphäre für hohe Konzentration.*
- *Motivation: Ratespiele lösen, sich bewegen und singen sind drei Tätigkeiten, die Kindern Spass machen. In den drei Impulsen wird das damit verbundene Engagement verknüpft mit Übungs- und Problemlöseaufgaben. Unterschiedliche motivationale Dispositionen beeinflussen den Lernerfolg. Freude an der Bewegung, am Spiel in der Gruppe, an der geistigen Herausforderung, an Rekordleistungen und an feinster Differenzierung der Wahrnehmung sind dabei unterschiedliche Zugänge zu fröhlichem Lernen.*

Impuls 1: «und Einundzwanzig...»

→ **CD**

→ **Zahlenbuch:**
3: 26
4: 22

Material

- CD (Track 18): «und Einundzwanzig ...»

Handlungsvorschlag

Gemeinsam lernen alle das Lied «und Einundzwanzig...» (CD Track 18). Bei 100 angelangt wird rückwärts gezählt! Rückwärtszählen braucht etwas Übung!

Problemstellungen:

- Wer findet eine gute Lösung für die Zahlen unter 20?
- Wer findet Lösungen für die grösseren Zahlen? Der Auftakt kann bereits für die Zahl verwendet werden, zum Beispiel: «Dreihundert**ein**und-zwanzig ...». Wer schafft es mit Hunderttausendern? Das braucht Schnellsprechtraining, rhythmische und melodische Anpassungen oder eine andere Taktart! Vorschläge sind auf www.mamu.ch auszutauschen.

Varianten

- Weitere Texte zur Melodie von «und Einundzwanzig ...» erfinden.
- In Fremdsprachen zählen.
- Texte von bekannten Liedern mit Zahlen ersetzen, zum Beispiel «Det äne am Bärgli» als «eins, zwei, drei ...». Verschiedene Lösungen sind möglich. Wer kann in einer Strophe am weitesten zählen?

Weiterführende Möglichkeiten

- Durch die langen Zahlwörter entstehen unterschiedliche rhythmische Varianten; die Melodie darf verändert werden.
- Die Melodie eignet sich sehr gut, um Mehrstimmigkeit zu improvisieren. Als Einstieg dazu kann es helfen, in einer zweiten Stimme möglichst lange denselben Ton beizubehalten.
- Zwei grosse Zahlen werden mit «s» geflüstert oder auf einem Instrument gespielt. Wer findet heraus, welche Zahl grösser ist?
- Die Zahlen in einem Zehner werden nur geflüstert oder auf einem Instrument gespielt. Wer findet aufgrund der Anzahl Silben und Betonungen heraus, um welchen Zehner es sich handelt? Welche Zehner haben identische Silbenkombinationen?
- Grosse Zahlen im Kanon sprechen. Sobald ein gemeinsamer ▶ Puls gefunden ist, ist es nicht mehr so schwierig.

Hintergrund und Informationen

Zahlen tönen, auch wenn sie gesprochen werden. Ersetzen die Zahlwörter einen Liedtext, so gibt es mehrere Lösungen. Die Silben sollen möglichst sinnvoll untergebracht werden, das heisst, es wird schneller und langsamer rhythmisiert oder eventuell werden einzelne wiederholte Silben weggelassen, so dass die Betonungen Sinn machen. Es kann jede Silbe mit einem neuen Ton gesungen werden oder mehrere Silben können auf einem Ton untergebracht werden. Es ist aber auch möglich, eine Silbe über mehrere Töne zu nutzen oder Füllwörter zu verwenden.
Werden die Silben der Zahlwörter stur und regelmässig verteilt, wird es einerseits schwierig, andererseits lustig, da die Betonungen des Liedes mit jenen der Zahlen nicht mehr übereinstimmen.

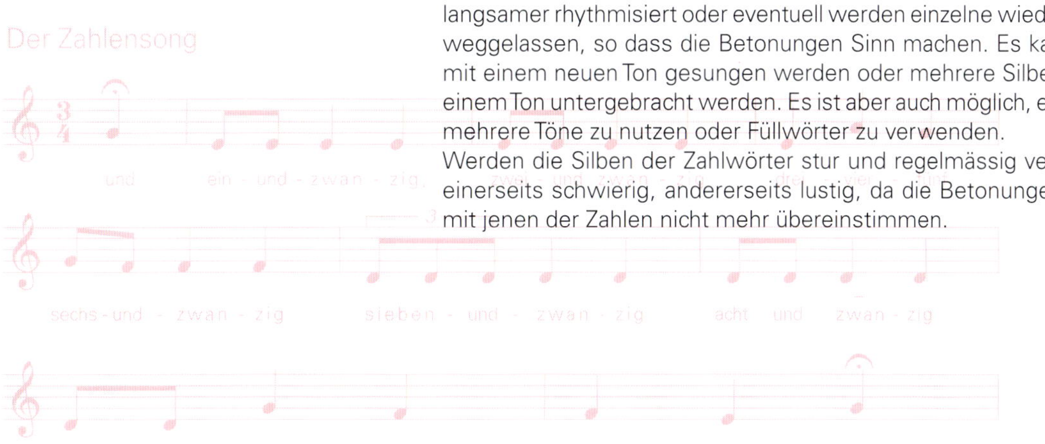

Impuls 2: Berauschende Zahlendiktate

→ **Zahlenbuch:**
3: 20–23
4: 14–17

Material
- Packpapierflächen, Zeitungsbogen oder Schiefertafeln mit Kreiden
- Beilage: Protokollblatt, S. 68

Handlungsvorschlag
Vorübung:
1. An der Wandtafel und in der Luft mit allen Schülerinnen und Schülern in grossen Bewegungen die graphomotorischen Verläufe der einzelnen Ziffern (0–9) nachzeichnen (Abbildung) und wenn nötig korrigieren (Linkshänder beachten, siehe auch Weiterführende Möglichkeiten).
2. In gemeinsamem Tempo werden nun die grossen Ziffern auf Packpapier- oder Zeitungsbogen oder an die Wandtafel geschrieben. Jede einzelne Ziffer kann dazu mehrmals überschrieben werden. Die Schreibgeräusche sollen bewusst wahrgenommen werden (siehe auch CD zu Mathe macht Musik 1, Track 1–23).

Ratespiel:
1. Zahlenraten: Ein Kind gibt den Stellenwert an (Beispiel: Einer) und schreibt anschliessend gross die entsprechende Ziffer. So wird eine mehrstellige Zahl in die Stellentafel geschrieben. Die Klasse hört mit geschlossenen Augen zu und notiert. Zur Kontrolle können die einzelnen Ziffern der Zahl anschliessend in der Reihenfolge T, H, Z, E nochmals geschrieben werden.
2. Zahlendiktate in Partnerarbeit.

Varianten
- Gruppenweise Schreibgeräusche auf Tonband aufnehmen. Andere Gruppen sollen die Zahlen notieren.
- Mit Buchstaben spielen.

Weiterführende Möglichkeiten
- Organische Schreibverläufe für Linkshänder suchen.
- Hören und notieren von Postleitzahlen, im Verzeichnis die dazugehörenden Gemeinden suchen.
- An der Wandtafel Ornamente oder Strichbilder gestalten. Die Schülerinnen und Schüler hören mit geschlossenen Augen zu und versuchen anschliessend, das Gehörte den verschiedenen Figuren zuzuordnen.
- Schreibgeräusche mit der Stimme imitieren.

Hintergrund und Informationen
Vorsicht: Beim Schreiben einer mehrstelligen Zahl ist die Schreibrichtung zu hören, das Benennen erfolgt aber in der Leserichtung.
Diese Diktatform funktioniert nur, wenn keine zusätzlichen Geräusche stören. Oft haben im Schulzimmer nicht alle Plätze akustisch die gleichen Bedingungen und nicht alle Kinder hören gleich gut!
Rasche und sich wiederholende Erfolgserlebnisse sind vor allem in der Startphase von grosser Bedeutung. Zu einem späteren Zeitpunkt kann der Schwierigkeitsgrad gesteigert und der Wahrnehmungsfähigkeit der einzelnen Kinder angepasst werden (Team- und Gruppenarbeit).

Impuls 3: Seilspringen

Material
- Springseile

Handlungsvorschlag
Seilspringen mit der Klasse in der Turnhalle oder im Freien. Die Kinder werden von sich aus zu zählen beginnen. Zählen, während man selbst oder während andere springen, macht Spass.

Rekordversuche:
Rekordversuche beim Vorwärtszählen: Rekorde fürs linke Bein und fürs rechte Bein, für spezielle Sprungtechniken, fürs Schnellspringen oder für unterschiedliche Tricks (Abbildungen) aufstellen, zum Beispiel mit gekreuzten Beinen oder mit gekreuztem Seil springen. Klassenrekorde und persönliche Rekorde zählen nur, wenn jemand mitgezählt hat.
Rekordversuche beim Rückwärtszählen: Wer ist zuerst auf 0, wenn von 100 rückwärts gezählt wird?

Varianten
- Andere Sprungarten (Tricks) anwenden oder mehrere Tricks zu einer Folge (einer Routine) verbinden.
- Hüpf- und Zählspiele in der Gruppe mit dem langen Sprungseil ausprobieren.
- Wenn die Rekorde immer höher werden oder das Tempo gesteigert wird, ist es einfacher, in Dreier- oder Viererpäckchen zu zählen: ... 4 ... 8 ... 12 ... 16 ... 20 ...

Weiterführende Möglichkeiten
- Seilspringen zu Musik oder zum Singen. Wer schafft es, das ganze Lied zu singen und zugleich zu hüpfen? Aus wie vielen Schlägen / aus wie vielen Takten besteht das Lied?
- Einen Schulhausrekord gibt es bestimmt, wenn zum Beispiel während des ganzen Vormittags jede Klasse 20 Minuten hüpft. Regel: Mindestens eine Person muss immer hüpfen. Natürlich darf dazu auch gesungen werden. Rekorde (auch solche im Endlossingen) können unter www.mamu.ch veröffentlicht werden.
- Seilspringen als «Begleitung» beim Auswendiglernen oder beim Rechentraining nutzen.
- Sprungkadenz schätzen (Wie viele Hüpfer pro Minute?), mit dem ▶ Metronom nachmessen oder zählen.

Hintergrund und Informationen
Die optimale Seillänge ergibt sich, wenn man mit beiden Füssen auf die Seilmitte steht und die Seilenden bis zu den Achseln reichen.
Seilspringen ist eine Tätigkeit, die einer perfekten rhythmischen Koordination der Bewegungen bedarf und eine gesunde Atmung provoziert. Beim gleichzeitigen Singen müssen der körperliche und der musikalische Rhythmus koordiniert werden. Auf der Website www.mamu.ch gibt es Hinweise zum richtigen Springen und viele Tricks zu Sprungarten.
Seilspringen wird von Sportlern seit langem als hoch effizientes Ausdauertraining genutzt, ist aber für alle ein wirkungsvoller Fitness-Spass. Neben der Ausdauer wird Kraft, Koordination und gute Haltung trainiert. Seilspringen ist deshalb auch ideal als bewegte Pause für Schulkinder und Lehrpersonen.
Seilspringen bringt eine hohe Herz-Kreislauf-Belastung. Deshalb die Pulsfrequenz kontrollieren und auf Überlastungssymptome (roter Kopf, Atemnot) achten.

Quellen, Literatur
Herpel, Mireille Dorit (2001). Rope Skipping. München: BLV Verlagsgesellschaft

Schätzen, messen und berechnen

→ **Zahlenbuch:**

Ziel der praktischen Erfahrungen und Übungen ist es, eine realistische Vorstellung diverser Masseinheiten zu entwickeln. Das Wissen um die Binnenstruktur der Längenmasse, Gewichte und Hohlmasse wird aufgebaut und Gesetzmässigkeiten bei der mathematischen Verknüpfung von zwei Einheiten (Länge/Zeit, Preis/Menge usw.) werden entdeckt. Das Schätzen, das Messen und das Berechnen werden als Verfahren mit spezifischen Vor- und Nachteilen kennen gelernt.

Musikalische Aspekte: Klänge wahrnehmen und Klänge gestalten

Klänge sind überall in der Welt und sie treffen auf viele Ohren. Doch aufgrund ihre Alltäglichkeit werden klangliche Informationen meist nicht bewusst verarbeitet. In Verbindung mit Schätz- und Messaufgaben muss nun aber genau hingehört werden (Impuls 1 und 2). Die einzelnen Töne und Geräusche sind zwar oft alles andere als schön. Doch die Geschichten und Bilder, die sie in unseren Köpfen hervorrufen, und die Informationen, die sie zu Richtung, Länge, Tempo, Gewicht, Menge, Bodenbeschaffenheit usw. liefern, lohnen die Mühe: Unscheinbares gibt es zu entdecken, Zufälliges zu geniessen und Störendes auszuhalten, dann auszutauschen, wieder zu suchen und wieder zu entdecken. Aus eigener Erfahrung wissen wir, dass derart offene Ohren einem neben manchmal zusätzlicher Arbeit insgesamt eine höhere Lebensqualität bescheren.
Klänge lassen sich aber auch gestalten: In ihrer Komposition als zeitliche Ordnungen (Impuls 5) oder bereits in ihrer Entstehung beim Bau von Instrumenten (Impulse 3 und 4). Die Herstellung von Regenrohr und Flaschenxylophon erfordert sowohl mathematisch als auch musikalisch exakte Arbeit und es wird deutlich, wie Schätzen, Messen und Berechnen als Verfahren in der Musik sowohl beim Gestalten und beim Geniessen eine wichtige Rolle spielen.

Voraussetzungen

Bei den Impulsen 1, 3 und 4 ist es wichtig, dass sich die Kinder gewohnt sind, selbstständig in Gruppen zu arbeiten.

Lehren und Lernen

- *Teamverhalten: Die intensive Auseinandersetzung mit gemeinsamen Schulwegen (Impuls 1), im Instrumentenbau (Impulse 3 und 4) und in gemeinsamen Gestaltungsaufgaben erfordert funktionierende Teams. Bei der Präsentation der Lösungen sind Kritikfähigkeit und Wertschätzung wichtige Voraussetzungen.*
- *Wahrnehmung: Alltagsgeräusche liefern uns unglaublich viele Informationen. Beim genauen Hinhören wird deutlich, wie differenziert unsere Ohren arbeiten. Gleichzeitig entwickelt sich das Bewusstsein für die Vielfalt und die Ästhetik von Umweltklängen.*
- *Konzentration: Die Flüchtigkeit des klingenden Gegenstandes verlangt eine hohe Präsenz, die Unverträglichkeit mit anderen Schallquellen eine ruhige Umgebung. Konzentration ist also bereits dann gefordert, wenn es darum geht, den zu messenden Gegenstand überhaupt zu erkennen.*
- *Motivation: Das Schätzen und Vergleichen von Klangphänomenen ist motivierend, da die Lösungen hörbar sind, also greifbar nahe liegen, sich aber trotzdem nicht einfach ablesen lassen.*

Impuls 1: Klingende Schulwege

→ **CD**

→ **Zahlenbuch:**
3: 30–31

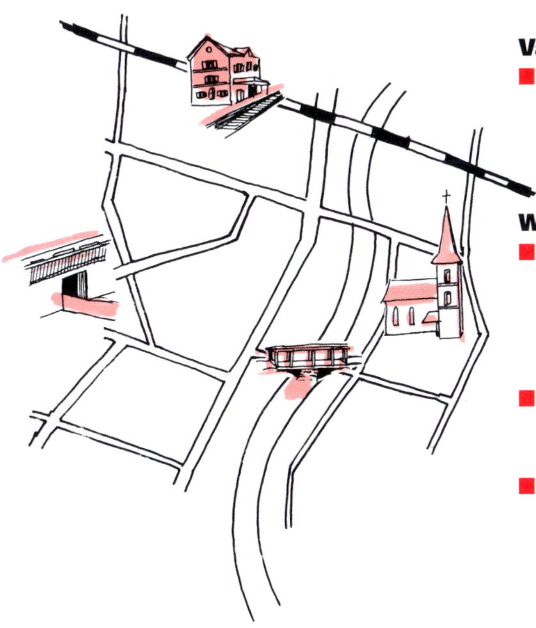

Material

- CD (Track 19): Klingender Schulweg
- Aufnahmegeräte mit Mikrofon
- Messschnüre (100 m), eventuell Messrad, Stoppuhren
- Dorf- oder Quartierplan, nach Möglichkeit im Massstab 1 : 5000
- Kopiervorlagen: Arbeitsauftrag und Protokollblatt, S. 69

Handlungsvorschlag

1 Mit der Klasse den Schulweg von der CD (Track 19) anhören und gemeinsam besprechen. Was ist alles zu hören?
2 In kleinen Gruppen einen Plan zu diesem Schulweg zeichnen.
3 Die Skizzen vergleichen und Lösungsvorschläge erklären und begründen.

Arbeitsauftrag:
In Gruppen, nach Möglichkeit 3 oder 4 Kinder mit gemeinsamem Schulweg, legen die Kinder anhand des Dorfplanes einen Schulweg fest. Sie besprechen diesen Weg mit der Lehrperson und suchen bei gefährlichen Streckenabschnitten nach Alternativen. Anschliessend Arbeit nach Arbeitsauftrag (siehe Kopiervorlage).

Variante

- Mit dem Tonbandgerät lassen sich typische Geräusche festhalten. Wer kennt diese Orte beim Schulhaus, im Dorf, im Quartier? Daraus lässt sich ein Quiz oder ein Orientierungsspiel eventuell unter Beteiligung anderer Klassen oder der Eltern machen.

Weiterführende Möglichkeiten

- Interessant ist es herauszufinden, wie weit in welche Richtung der Brunnen oder die Strasse oder die Schulhausglocke zu hören ist. Im Plan und in Wirklichkeit mit Massstab und Messband nachmessen. Eventuell für unterschiedliche Wetterbedingungen oder Zeitpunkte (Westwind, Schnee, mittags) separate Markierungen verwenden.
- Die verschiedenen Schulwege können zur Partitur für eine Geräuschmusik werden, wenn sie mit entsprechenden Instrumenten umgesetzt werden.
- Aus den gemachten Erfahrungen und mit dem aufgebauten Wissen lässt sich ein Klangspaziergang (Soundwalk) festlegen, der über längere Zeit und bei unterschiedlichsten Bedingungen weiter erkundet werden kann. Klangspaziergänge können unter www.mamu.ch ausgetauscht werden.

Hintergrund und Informationen

Dieser Impuls lehnt sich an die wissenschaftliche Methode des Soundwalks an (siehe www.mamu.ch). Der Soundwalk wurde von einer Gruppe von Klanggeografen entwickelt. Dazu wird ein bestimmter Streckenabschnitt in zügigem Tempo abgeschritten. Die wahrgenommenen akustischen Eindrücke werden anschliessend ausgetauscht und eventuell mit weiteren Begehungen verglichen. Dieser Zugang zur Umweltwahrnehmung integriert Zivilisationsgeräusche und Naturklänge und macht deutlich, dass die entstehenden Bestandesaufnahmen und ihre Bewertung von verschiedensten und zuweilen auch sehr subjektiven Faktoren abhängig sind.
Die Vernetzung mit anderen Unterrichtsbereichen rechtfertigt einen grösseren zeitlichen Aufwand. Als Projekt geplant können einzelne Aufgaben über ein bis zwei Wochen verteilt werden.

Quellen, Literatur

Schafer, R.M. (2002). Anstiftung zum Hören; Hundert Übungen zum Hören und Klänge machen. Aarau: HBS Nepomuk

Impuls 2: Hoppla!

→ **Zahlenbuch:**

3: 38–39

1000 g	100 g	10 g	1 g
H			
		S	
	W		
		H	
S			

Unterlagen: S = Steinplatte, W = Wasser, H = Holzkiste

Material

- Waage mit Gewichtssteinen
- Unterlagen aus verschiedenen Materialien (Holz, Teppich, Stein, Wasser usw.)
- Aufnahmegerät mit Mikrofon (für weiterführende Möglichkeit)

Handlungsvorschlag

1 Die Kinder sammeln Steine mit unterschiedlichen Gewichten zwischen 1 g und 1,5 kg. Diese werden geschätzt, gewogen, angeschrieben und nach Gewicht sortiert.

2 Vier Steine (1 kg / 100 g / 10 g / 1 g) werden ausgewählt. Sie werden aus gleicher Höhe auf eine identische Unterlage fallen gelassen. Wer hört mit geschlossenen Augen die Reihenfolge?

3 Mit den gleichen vier Steinen und unterschiedlichen Unterlagen experimentieren. Die Schülerinnen und Schüler merken sich die unterschiedlichen Klangbilder.

Höraufgabe:
Beim folgenden Diktat notieren die Schülerinnen und Schüler in Stellentafeln, welches Gewicht auf welche Unterlage gefallen ist. Beispiel siehe Abbildung. Welches Gewicht liegt nun insgesamt da? Wie viel auf welcher Unterlage?

Varianten

- Andere Standardgewichte (500 g / 250 g / 50 g) in die Höraufgaben einbeziehen.
- Gleichzeitig mehrere Steine des gleichen Gewichts auf eine Unterlage fallen lassen. Wer errät, was daliegt? Wie gross sind die Abweichungen?
- Schätz- und Rateübungen in Teams: ein vorgegebenes Gewicht (Beispiel: 1 kg 529 g) auf eine Unterlage schütten. Aus welchen einzelnen Steinen setzt es sich zusammen?

Weiterführende Möglichkeiten

- Übertragen der Gewichte in einfache Diagramme und Tabellen.
- Die unterschiedlichen Geräusche werden mit einem Mikrofon auf einen Tonträger aufgenommen. Dabei schlägt der Aufnahmepegel unterschiedlich weit aus. Entspricht dieser Lautstärkepegel dem Gewicht des Steines?
- Spielgeräusche (prellen, fangen, klopfen) bei Bällen verschiedenster Gattung untersuchen und eigenes Musik-Tanz-Stück entwickeln (für Gymnastikbälle, Medizinbälle, Basketbälle, Fussbälle, Schaumstoffbälle, Tennisbälle, Tischtennisbälle, Unihockeybälle, Vollgummibälle, Schneebälle usw.).

Hintergrund und Informationen

Im Verlauf der Wahrnehmungsspielerei entwickeln die Kinder zusehends ein feineres Sensorium.
Vorsicht mit lauten Geräuschen. Überraschende, laute Geräusche (Knallgeräusche) sind sehr gefährlich. Sie können zu Schädigungen des Gehörs führen.

Impuls 3: Regenrohr

→ **CD**

→ **Zahlenbuch:**
3: 46

Material

- Röhren aus Karton oder Plastik, mindestens 50 cm lang
- Nägel (diverse Längen) und Hammer
- Füllmaterial (Bohnen, Linsen, Goldhirse, Reis, kleine Steinchen usw.)
- Seidenpapier in Regenbogenfarben und Kleister zum Verzieren
- Beilage: Regenlied, S. 65
- CD (Track 9): Regenlied

Handlungsvorschlag

1. Jedes Kind wählt ein Rohr aus, misst den Innendurchmesser und wählt die passenden Nägel aus. Die Länge der «Stacheln» sollte etwa Dreiviertel des Innendurchmessers des Rohres betragen.
2. In Partnerarbeit werden im Abstand von 1 bis 2 cm Hilfslinien auf das Rohr gezeichnet. Dazu wird das Rohr am besten auf dem Boden an eine Wand gerollt, an einem Ende an ein dickes Buch angeschlagen und dann, während ein Bleistift richtig positioniert ist, sorgfältig gedreht.
3. Die Nägel sollen anschliessend spiralförmig in das Rohr getrieben werden. Dazu zuerst mit dem Bleistift die Punkte markieren.
4. Mit einem Korken oder mit einem halben Luftballon wird das eine Ende des Rohres verschlossen.
5. Nun kann mit Füllmaterialien experimentiert werden. Je nach Rohrdicke und den Abständen der Nägel muss das richtige Material gewählt werden. Auch die Menge beeinflusst den Klang. So kann gewogen (Füllmenge), gemessen (Abstände der Nägel, Anzahl Nägel, Dauer des Durchrieselns) und verglichen werden.
6. Anschliessend das Regenrohr schliessen und die verschiedenen Klänge vergleichen und beschreiben.

Gestaltungsaufgabe:
Das Regenlied (siehe Beilage und CD Track 9) mit Regengeräuschen gestalten (Intro, Begleitung, Zwischenspiel, Schluss). Neben dem Regenrohr können weitere Geräusche verwendet werden. ▶Bodypercussion und ▶Vocussion eignen sich gut dazu (siehe auch Impuls 1/3 «Farbmustermusik»).

Variante

- Zuerst das gewählte Füllmaterial ins Rohr geben, das Rohr verschliessen und dann die Nägel einschlagen. So kann der Klang immer wieder ausprobiert werden. Mit zusätzlichen Nägeln wird der Fall des Inhalts stärker gebremst.

Weiterführende Möglichkeiten

- Die Rohre eignen sich bestens zur individuellen Gestaltung. Schöne Versionen entstehen mit Seidenpapier (in Regenbogenfarben) und Kleister.
- Spiele mit Regenrohren: Welches Rohr klingt am längsten? Wie lange tönt es in der Klasse, wenn ein Rohr nach dem anderen gespielt wird?
- Regengeschichten entwerfen und spielen oder ein Solo für zwei Regenrohre erfinden.

Hintergrund und Informationen

Als Begleitung zu einem Regenlied (siehe Beilage) genügt eigentlich **ein** Regenrohr. Die Rohre sind aber so begehrt, dass bestimmt jedes Kind eines nach Hause nehmen will. Hat jedes Kind ein Regenrohr, sollten natürlich entsprechende Spiele erfunden werden.
Regenrohre werden gerne als Werkarbeit beim Thema Indianer verwendet.

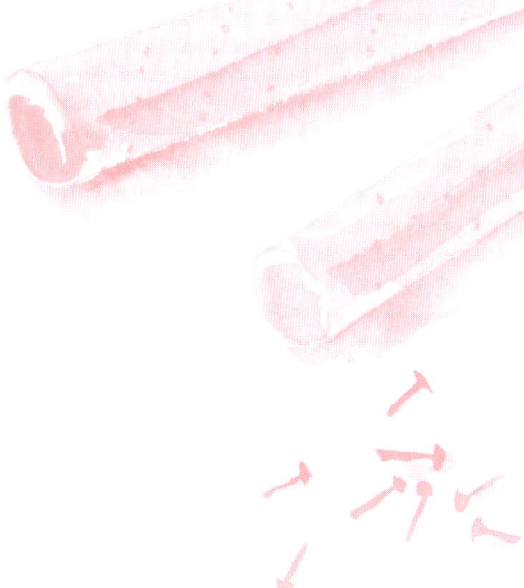

Impuls 4: Flaschophon

→ **CD**

→ **Zahlenbuch:**
3: 68–69, 75

Material

- identische Glasflaschen (pro Gruppe drei) und Holzschlägel
- Brunnen oder grösseres Becken, Abfüllgefässe, Trichter
- Messbecher oder entsprechende Ersatzgefässe in den vier Einheiten l, dl, cl, ml
- Klangstäbe (▶ Instrumente)
- Kopiervorlage: Arbeitsauftrag, S. 70
- Kopiervorlage: Protokollblatt, S. 70
- Kopiervorlage: Flaschophon-Spielstücke, S. 71
- Kopiervorlage: Posthornsignale, S. 71
- CD (Track 20): Postautomotiv
- CD (Track 21–23): Postsignale

Handlungsvorschlag

Anhören des Postautomotivs (CD Track 21) und vorstellen des Arbeitsauftrages.

Arbeitsauftrag:

- Arbeitet in Dreier- oder Vierergruppen.
- Sucht die zugeteilten Klangstäbe und organisiert das entsprechende Schlägelmaterial.
- Spielt auf dem Klangstab-Trio die bekannten Klänge des Postautomotivs (Dü - da - do, Post - au - to). Alle können das Motiv spielen.
- Tragt die genauen Bezeichnungen der Klangstab-Töne ins Versuchsprotokoll ein.
- Begebt euch mit sämtlichem Material zu einem Wasserabfüllplatz.
- Füllt in die drei Flaschen Wasser ab, bis ihr durch Anschlagen mit dem Schlägel die drei Töne genau nachspielen könnt.
- Messt bei allen Tönen den Wasserstand millimetergenau und die eingefüllte Wassermenge millilitergenau nach. Tragt die Ergebnisse an der richtigen Stelle ins Versuchsprotokoll ein. Bestimmt auch die Luftmenge und die Luftsäule.
- Durch Anblasen der Flaschen entstehen auch Töne. Stimmt drei weitere Flaschen so ab.
- Vergleicht eure Erfahrungen mit dem ersten Versuch und redet miteinander darüber.

Variante

- Arbeit mit pentatonischen Tonreihen oder einer diatonischen Tonleiter (▶ Tonmaterial).

Weiterführende Möglichkeiten

- Nach den Protokollangaben die Flaschen wieder füllen und die Stimmung überprüfen.
- Üben und spielen der Flaschophon-Spielstücke (siehe Kopiervorlage). Mit zusätzlichen Tönen können auch die alten Postsignale (CD Track 21–23 und Kopiervorlage) auf Flaschen gespielt werden.
- Weitere Musik für das Spiel oder für Begleitungen mit dem Flaschenxylophon arrangieren (siehe auch Impuls 1/3 «Farbmustermusik»).

Hintergrund und Informationen

Die Messung von ganzen oder halben Litern ist für diese Arbeit zu ungenau. Deshalb ist es nahe liegend, die drei kleineren Masseinheiten dl, cl und ml auch gleich einzuführen. Die Motivation ist bei den Kindern im Rahmen der musikalischen Messübungen bald aufgebaut. Zudem sind ihnen entsprechende Einheiten aus dem Bereich der Längenmasse schon bekannt. Für die Tonhöhe massgebend ist beim Anblasen die schwingende Luftsäule, die durch die Füllhöhe des Wassers und die Flaschengrösse beeinflusst wird: das heisst, je mehr Wasser, desto höher der Ton. Beim Anschlagen bedeutet mehr Wasser jedoch einen tieferen Ton. Hier ist die Masse entscheidend für die Tonhöhe.

Impuls 5: Pendelmusik

→ **Zahlenbuch:**
4: 27

Material
- Schaukelringe
- Schnur und Gewichte
- Klangstäbe (Metallophon) (▶ Instrumente)

Handlungsvorschlag
1 In der Turnhalle: Ein Kind schwingt an den Schaukelringen hin und her. Zwei weitere Kinder stehen mit einem Klangstab oder einem Perkussionsinstrument auf beiden Seiten in der Verlängerung der beiden Wendepunkte (Abbildung 1). Sie spielen jeweils beim toten Punkt des Schwungs ihr Instrument an. Mit der Klasse den genauen Zeitpunkt des Anschlags diskutieren und gemeinsam festlegen.

2 Bei jedem Paar Schaukelringe stehen drei Kinder: eines in Anlaufposition, die anderen beiden je an den Wendepunkten. Auf Kommando starten alle drei Kinder aus der Anlaufposition gleichzeitig und lassen sich dann mit angezogenen Beinen ausschaukeln. Die anderen Kinder spielen an den Wendepunkten jeweils ihr Instrument. So entsteht eine Pendelmusik.

Abbildung 1

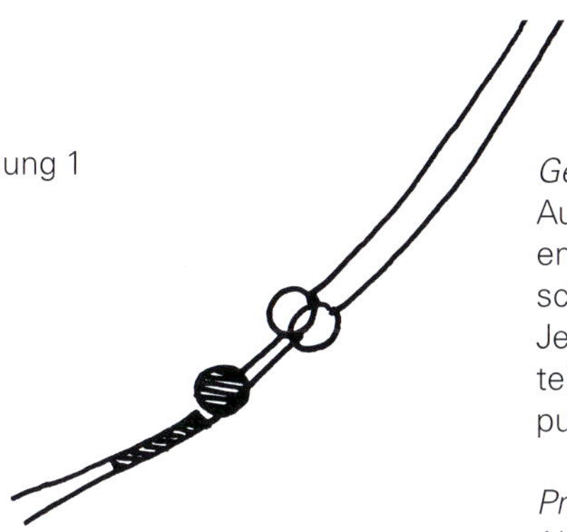

Gestaltungsauftrag:
Aus einem Kleiderbügel, einer Schnur und einem Gewicht ein Pendel bauen (Abbildung 2), das genau in einer Sekunde hin und in einer Sekunde her schwingt, zudem zwei weitere Pendel bauen, die schneller schwingen. Jedem Pendel einen Klangstab und eine Spielerin oder einen Spieler zuteilen. Der Klangstab wird immer dann gespielt, wenn das Pendel am Startpunkt wendet.

Problemstellung:
Alle drei Pendel starten gleichzeitig. Den weiteren Verlauf der Pendelmusik beschreiben. Die Längen der Pendelschnüre messen und nach Erklärungen suchen.

Weiterführende Möglichkeiten
- Die Schülerinnen und Schüler entwickeln weitere Konzepte für Pendelmusiken in der Turnhalle oder im Schulzimmer und experimentieren mit unterschiedlichen Startzeitpunkten, Seillängen und Impulsstandorten für ausgewählte Instrumente.
- Auf www.mamu.ch ist ein Video einer Pendelmusik zu sehen. Mit welchen Pendellängen spielt der Künstler?

Abbildung 2

Hintergrund und Informationen
Metallophon-Klangstäbe oder Röhrenglocken eignen sich besonders gut, da sie lange klingen.
Die Schaukelringe in der Turnhalle müssen auf die Grösse des jeweiligen Kindes eingestellt werden. Dadurch haben sie unterschiedliche Pendelzeiten.
Das Gewicht des Pendels (des Kindes) hat auf die Zeit keinen Einfluss. Die Länge des Pendels (L) bestimmt die Periodendauer (T). Die Formel zur exakten Berechnung berücksichtigt auch die Erdanziehungskraft (g = 9,81), die das Pendel bremst. Sie heisst: $T = 2\pi\sqrt{L/g}$. Bei einer Pendeluhr wird die Erdanziehungskraft durch Gewichte oder Federn kompensiert, an den Schaukelringen durch Beschleunigen mit den Füssen oder durch das Verlagern des Schwerpunktes.

Grundoperationen

→ **Zahlenbuch:**

Die Grundrechenoperationen und das Einmaleins werden mit Übungsformaten wie Zahlenmauer, Rechendreieck, Malkreuzen, Start–Ziel, «Hüpf in der Reihe» und Rechenbäumen geübt, vertieft und gefestigt. Das grosse Einmaleins wird eingeführt.
Verschiedene Rechenwege werden notiert und so die arithmetischen Zusammenhänge hergestellt. Darauf aufbauend werden die halbschriftlichen und schriftlichen Verfahren eingeführt und geübt.
Auf Themenseiten geht es in verschiedenen Sachaufgaben neben dem Aufbau von Sachwissen aus unterschiedlichen Fächern darum, gezielt Informationen aus Sachtexten entnehmen zu können und dieses Wissen mit Mathematik zu verknüpfen. Beim Erfassen, Darstellen und Interpretieren von Daten muss immer wieder gerechnet werden.

Musikalische Aspekte: Musikalische Pattern und Bewegungsmuster

Die mathematischen Grundoperationen bieten nur wenig direkte Bezüge zu akustischer Wahrnehmung und musikalischem Ausdruck. Einige elementare Verbindungen zur Addition und Subtraktion wurden bereits in Mathe macht Musik 1 im Themenkreis 4 vorgestellt und werden hier nun weitergeführt. Klang kann als Gegenstand oder als Medium für mathematische Fragestellungen verwendet werden und so zum Rechnen anregen. Dabei werden musikalische und mathematische Handlungsfelder kombiniert.
Beim Juba-Rechnen (Impuls 1) dient das Perkussionsspiel als erschwerender Hintergrund beim Repetieren einfacher Operationen und beim Reihentraining. Musikalisch geht es darum, einen gemeinsamen Puls zu halten und diesen mit Sprechrhythmen zu gestalten. Die klingenden Zahlenrätsel (Impuls 2) und die rhythmischen Farbbänder (Impuls 3) sind Notationsformen für Klangereignisse – eine Art Musik-Notation. Bei den klingenden Zahlenrätseln (Impuls 2) werden Stellen und Operatoren durch Klänge ersetzt. Damit wird das Verfahren aus dem ersten Band von Mathe macht Musik weitergeführt, das sowohl das akustische als auch das mathematische Erinnerungs- und Vorstellungsvermögen fordert. Die Zahlenrätsel sind zudem ein Übungsformat für halbschriftliches Rechnen, während bei den rhythmischen Farbbändern (Impuls 3) das Rechnen mit Brüchen im Zentrum steht.

Voraussetzungen

Mit Tönen zu rechnen funktioniert nur, wenn es ganz still ist im Schulzimmer. Neben Lärm von aussen können auch der Reizhusten eines Schülers oder andere Geräusche die Anwendung verunmöglichen. Kurz: Es müssen alle wollen.

Lehren und Lernen

- *Konzentration: Die Flüchtigkeit des Klangs stellt hohe Anforderungen an Wahrnehmung und Erinnerungsvermögen. Mit Tönen zu sprechen und zu rechnen erfordert höchste Konzentration. Was verklungen ist, ist vorbei. Es ist wichtig, die Herausforderung und den Schwierigkeitsgrad solcher Verfahren nicht zu unterschätzen. Diese Art Aufgaben kann Stress verursachen. Es ist sinnvoll, sich in der Klasse über den Umgang damit auszutauschen und voneinander zu lernen.*
- *Kreativität: Die Transformation von einer Ausdrucksform in eine andere ist immer mit feinen Verschiebungen der Fokussierung verbunden. Daraus ergeben sich einerseits Klärungen und andererseits neue Unschärfen. In diesen Übergängen liegt ein grosses Potenzial für kreative Lösungen, neue Entdeckungen und Weiterentwicklungen.*
- *Kommunikation: Mündliche Kommunikation unterliegt den Gesetzen des Klangs. Das heisst, eine Sichtverbindung ist nicht nötig, aber die Verständlichkeit ist abhängig von Distanz, Raumakustik, Lautstärke und anderen Schallquellen. Zudem müssen alle genau gleichzeitig zuhören. In diesem Themenkreis werden Möglichkeiten der klanglichen Kommunikation genutzt. Dabei können auch ihre Qualitäten (Vorteile und Nachteile) erkundet werden.*

Impuls 1: Juba-Rechnen

→ **Zahlenbuch:**
3: 20
4: 14

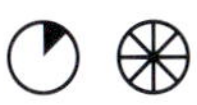

Abbildung 1

Abbildung 2

Abbildung 3

Abbildung 4

Abbildung 5

Handlungsvorschlag

Die Kinder sitzen im Kreis. Die linke Hand liegt auf dem linken Oberschenkel, die rechte Hand ist darüber in der Luft parkiert (Abbildung 2).

1. Grundübung (Abbildung 1 und 2): Bewegt sich die linke Hand auf und ab, ertönen zwei unterschiedliche Klänge; ein heller Klang beim Patschen des linken Handrückens gegen die rechte Handfläche, ein dunklerer Klang beim Patschen der linken Handfläche auf das Bein. Auch rechts üben!
2. Stopp (Abbildung 1–3): Zum Stoppen patscht nach der linken auch die rechte Hand auf den Oberschenkel. Alle beginnen gemeinsam mit der Grundübung. Wer stoppt, hört den andern zu. Es entsteht ein Decrescendo (▶ Dynamik) durch Reduzieren der Mitspielerinnen und Mitspieler wie bei Joseph Haydns Abschiedssinfonie, wo ein Spieler nach dem andern aufsteht und den Konzertsaal verlässt (siehe www.mamu.ch).
3. Gegengleich. Dazu wird die linke Hand über der liegenden rechten Hand in der Luft parkiert (Abbildung 4).

Spiel:
Das einfache Vierermuster (Abbildungen 1–4) als Begleitung für einfache Rechenaufgaben nutzen. Zum Beispiel:
- ein Kind nach dem andern stellt eine Aufgabe, die Klasse antwortet.
- Aufgaben werden im Kreis aufgebaut (siehe Abbildung 5).

Weitere Spielideen:
- Beim Reihentraining abwechslungsweise in Gruppen:
  Gruppe A: «1 x 3», Gruppe B: «= 3, 2 x 3», Gruppe A: «= 6, 3 x 3» usw.
- Im Kreis Zahlreihen sprechen, als ganze Zahlen oder als Zahlwortketten: Kind 1: «Sechstausend», Kind 2: «siebenhundert», Kind 3: «einund», Kind 4: «zwanzig», Kind 5: «Sechstausend» usw.

Achtung: Je nach Schwierigkeitsgrad oder Textmenge muss das Tempo angepasst oder die Silben müssen anders auf die Bewegung verteilt werden.

Varianten

- Sprachübungen anstelle der Rechenübungen ausprobieren: essen – gegessen / singen – gesungen usw.
- Juba-Technik als Begleitung zu Liedern einsetzen. Welches Muster passt gut? Welches erzeugt eine schöne Spannung? Was ist zu schwierig?

Weiterführende Möglichkeiten

- Mit der Juba-Technik können auch Dreierreihen gespielt werden. Wer findet Möglichkeiten, einen Dreierrhythmus zu spielen? Die Juba-Lösung ist auf der Website www.mamu.ch oder in Mathe macht Musik 3 beschrieben.
- Juba-Technik auf Trommeln oder andere gut klingende Oberflächen übertragen.
- Reihenspiele mit der Juba-Technik (siehe Mathe macht Musik 3, Impuls 11/1 «Reihenmaschine»).

Hintergrund und Informationen

Lässt man alle Kinder gemeinsam auf die Rechnungen antworten, werden einige das richtige Resultat nur nachsprechen. Spannung erzeugt so vor allem das Stellen der Aufgabe.
Juba wurde der Legende nach von schwarzen Sklaven erfunden, als ihnen die Trommeln weggenommen wurden. Diese Geschichte wird in Mathe macht Musik 3, Impuls 7/3 «Juba-Feeling» als Einleitung zu einem Lied mit Juba-Begleitung erzählt (siehe auch www.mamu.ch).

Quellen, Literatur

Zimmermann, Jürgen (1999). Juba – die Welt der Körperpercussion. Boppard/Rhein: Fidula

Impuls 2: Klingende Zahlenrätsel

→ **CD**

→ **Zahlenbuch:**
4: 66

◕ ⊛

Material

- Signalinstrumente (Perkussionsinstrumente)
- Klangstäbe für Einer (hoher Ton) und Zehner (tiefer Ton) (▶ Instrumente)
- Kopiervorlage: Protokollblatt, S. 72
- CD (Track 24–26): Zahlenrätsel

Handlungsvorschlag

1. Jeder Grundoperation (Addition, Subtraktion, Multiplikation, Division) wird ein Signal zugeteilt. Die Klangstäbe für Einer und Zehner werden gemeinsam festgelegt. Die vier Signalinstrumente und die beiden Klangstäbe werden auf sechs Kinder verteilt.
2. Nach einer Vorlage der Lehrperson (ausgefülltes Protokollblatt) spielen die sechs Kinder ihre Instrumente. Der Rest der Klasse protokolliert die dabei entstehende Kettenrechnung. Wer kann das Resultat spielen?
3. Ein besonderes Signal als Joker vereinbaren. Der Joker kann überall eingesetzt werden, als Zahl oder als Operator. Wenn die Rechnung protokolliert wird, geht es darum, den Wert oder die Funktion des Jokers herauszufinden.

Gestaltungsaufgabe:
In Gruppen eigene klingende Zahlenrätsel entwerfen, üben und der Klasse vorspielen (oder auf Tonband aufnehmen).

Problemstellung:
Wie heissen die Rechnungen, die auf der CD (Track 24–26) zu hören sind? Die Operatoren sind Perkussionsklänge. Welcher Klang hat welche Bedeutung? Manchmal gibt es mehrere richtige Lösungen; wer findet sie?

Variante

- Einer- und Zehnerstelle gleichzeitig (zweistimmig) spielen. Das ist sehr anspruchsvoll!

Weiterführende Möglichkeiten

- Wie tönt eine Kettenrechnung rückwärts? Wie verändern sich die Operationen, um ausgehend von der Zielzahl zur Startzahl zu gelangen?
- Zusätzlich einen Klangstab für Hunderterstellen verwenden.

Hintergrund und Informationen

Die beiliegenden Protokolltabellen (S. 72) helfen vor allem in der Einführungsphase. Später sollen eigene Tabellen hergestellt werden.

Startzahl	Op.1 + − · :	Zahl 1	Op.2 + − · :	Zahl 2	Op.3 + − · :	Zahl 3	=	Resultat
23	−	12	+	22	:	3	=	?
10	+	Joker	:	3	·	5	=	25
2	·	2	·	2	+	Joker	=	12
							=	

Impuls 3: Rhythmische Farbbänder

→ **CD**

→ **Zahlenbuch:**
4: 90

Abbildung 1

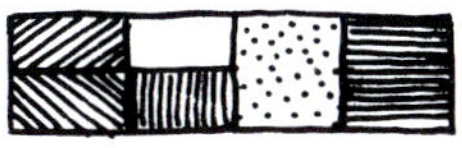

Achtelraster

Abbildung 2

Sechzehntelraster

Material

- Kopiervorlage: Rhythmen suchen, S. 73
- Kopiervorlage: Rhythmen ergänzen, S. 73
- CD (Track 27–32): «Farbbandrhythmen»

Handlungsvorschlag

1 Den Kindern liegt das Arbeitsblatt (Kopiervorlage) vor. Die Lehrperson spielt einen der Rhythmen vor (CD Track 27). Die Kinder wiederholen den gehörten Rhythmus mehrmals und suchen ihn auf der Kopiervorlage. Der Rhythmus ist mit Noten und als Farbband notiert. Wer findet beide passenden Notationen?

2 Den Rhythmus auf der CD (Track 30) nachspielen und als Farbband darstellen. Dazu für jeden Ton eine neue Farbe verwenden (Abbildung 1). Anschliessend in traditionelle Notenschrift umsetzen und dann beides im Arbeitsblatt in ein leeres Feld übertragen.

Suchspiel:

1 CD (Track 27–32) anhören und die Reihenfolge (A–E) zu den Notationen auf dem Arbeitsblatt setzen.

2 In Gruppen das Arbeitsblatt mit weiteren Rhythmen ergänzen. Als Folie der Klasse präsentieren und einen eigenen Weg vorspielen. Wer notiert die richtige Buchstabenfolge?

Problemstellung:

Die Rhythmen auf der Kopiervorlage 1 «Rhythmen ergänzen» sind unvollständig. Sie sollen in Partnerarbeit ergänzt werden. Verschiedene Lösungen sind richtig. Der Klasse vorspielen. Wer findet die möglichen Linien für den gehörten Rhythmus?

Variante

- Farbbänder oder traditionell notierte Rhythmen lesen und spielen.

Weiterführende Möglichkeiten

- Neue Farbmusterrhythmen erfinden, spielen und in Notenschrift übertragen.
- Farbmusterrhythmen mit Tonhöhen kombinieren.
- Weitere Notenwerte und Pausenwerte (Sechzehntel, punktierte Notenwerte) einführen (Sechzehntelraster siehe Abbildung 2).
- Den Rhythmus von Musikstücken analysieren (siehe Mathe macht Musik 3, Impuls 2/3 «Wade in the Water»).

Hintergrund und Informationen

Jedes Element des Rhythmus wird hier jeweils durch eine neue Farbe unterschieden. Es liegt auf der Hand, identische Farben für identische Klänge oder Tonhöhen zu verwenden und die vorgeschlagene Notation so weiterzuentwickeln.

Die Notenschrift ist eigentlich eine verschlüsselte Geheimschrift für Brüche. Obwohl der Zahlenraum der Brüche (1 > x > 0) erst in der 5./6. Klasse vertieft erarbeitet wird, gibt es viele Schülerinnen und Schüler, die schon Jahre vorher im Instrumentalunterricht komplexe Bruchrechnungen durchführen.

Mit drei Viertelnoten ist ein 3/4-Takt ein ganzer Takt. Ein Ganzes muss nicht unbedingt ein runder Kuchen oder ein ganzer Apfel sein. Dieser Impuls soll helfen, den Takt unabhängig von seinem Inhalt als ganze Einheit zu verstehen.

Zufall und Kombinatorik

→ **Zahlenbuch:**

Beim «Kugeln ziehen», den Experimenten mit dem magischen Quadrat, einem Zahlenschloss, Telefonnummern und Stichproben werden Zufall und Wahrscheinlichkeit erkundet. Dabei werden Statistiken erstellt, Verteilungen hochgerechnet, Möglichkeiten gesucht und Codes geknackt. Die Schülerinnen und Schüler setzen sich mit systematischen und unsystematischen Vorgehensweisen und logischen Folgerungen auseinander.

Musikalische Aspekte: Komponieren und Kombinieren

Die riesige Anzahl von Möglichkeiten, die sich aus der Kombination von Rhythmen und Tönen ergibt, macht deutlich, wie unendlich gross das Feld musikalischer Gestaltung ist. Komponieren heisst also immer auch auswählen. Das Variieren und Neukombinieren sind Techniken, mit denen auch in der Musik Lösungen gesucht werden können.
Im Impuls 1 wird die Menge der Möglichkeiten erkundet, die aus der Kombination von zwei rhythmischen Elementen und vier Positionen entstehen. Alle gefundenen Lösungen sollen in eine Ordnung gebracht werden. So ergeben sich unterschiedliche rhythmische Kompositionen, die aus identischen Elementen bestehen. Ähnliche Aufgaben stellen sich im Impuls 2, wo mit Vokalen und Tönen experimentiert wird. Zudem wird hier eine Geheimsprache entschlüsselt.
Im Impuls 3 werden musikalische Bausteine kombiniert. Dabei entstehen vielstimmige Musikstücke für beliebige Instrumente.

Lehren und Lernen

- *Konzentration: Gemeinsames Musizieren mit verteilten Rollen, spielerische Gehörbildungsübungen und musikalische Kettenspiele sind zwar spannend, aber auch anstrengend. Sie erfordern eine sehr hohe Konzentration. Im Spiel wird dies oft vergessen. Als Moderatorin solcher Phasen hat die Lehrperson die wichtige Aufgabe, die laufenden Prozesse zu beobachten und wenn nötig im richtigen Moment steuernd einzugreifen. Kleine Veränderungen in der Spielform (Aufstellung, Spielrichtung usw.), Hilfe bei der Rollenverteilung oder die Definition spezieller Aufträge (Beobachten, Beschreiben, Coaching usw.) sind entscheidend für das Gelingen.*
- *Kreativität: Die riesige Anzahl richtiger Lösungen bei musikalischen Gestaltungen trotz einschränkenden Rahmenbedingungen (Anzahl Töne, Rhythmen, Takte, Instrumente, Stimmen usw.) macht das kreative Potenzial deutlich. Wie das Spiel mit dem Zufall kann das Offenlegen aller möglichen Lösungen Basis und Motor für aussergewöhnliche und geistreiche Gestaltungen sein.*
- *Teamverhalten: Die Impulse 1 und 3 regen zu gemeinsamem Musizieren an. Dies gelingt nur, wenn alle Mitspielenden aufeinander hören. In den vorgeschlagenen Gruppenspielen sind alle voneinander abhängig. Für ein Gelingen tragen alle Verantwortung und gleichzeitig wirkt die Gruppe als Stütze für schwächere Schülerinnen und Schüler. Wichtiges Ziel ist es, die eigenen Fähigkeiten richtig einzuschätzen.*

Impuls 1: Rhythmus-Tarot

Material
- Papierstreifen, zum Beispiel längs halbierte A4-Blätter

Handlungsvorschlag
1. Die Lehrperson spielt eine Folge aus Viertel- und Achtelnoten (Abbildung) und notiert sie an der Wandtafel.
2. Die Kinder probieren in Partnerarbeit alle möglichen Folgen von Vierteln und zwei Achteln im Zeitraum von vier Vierteln aus. Wer findet die Anzahl Möglichkeiten heraus?
3. Jede Gruppe notiert alle gefundenen Möglichkeiten auf einzelnen, in vier gleiche Teile gefalteten Zetteln und bringt diese in eine Ordnung.
4. Die Resultate der Gruppen vergleichen, besprechen und als Abfolge gemeinsam spielen. Es gibt verschiedene sinnvolle Ordnungssysteme.

Problemstellung:
Gruppenweise die Anzahl Möglichkeiten für 8-, 12- oder 16-stellige Rhythmusmuster (mit 2, 3 oder 4 Papierstreifen) untersuchen. Wie unterscheidet sich die Lösung, wenn jeder Streifen in einem Rhythmus nur einmal oder mehrmals verwendet werden darf?

Ritual:
Aus den 16 Möglichkeiten bis zu vier Karten ziehen und den Zufallsrhythmus eine Woche lang täglich kurz üben. Wer gibt für die nächste Ziehung den besten Tipp ab?

Varianten
- Mit Pausen und Impulsen oder mit unterschiedlichen Klängen oder Tonhöhen experimentieren.
- Mit verschiedenen Perkussionsinstrumenten instrumentieren.
- Ordnungssysteme gestalterisch umsetzen (siehe Zahlenbuch 5, S. 41 und Zahlenbuch 6, S. 26).

Weiterführende Möglichkeiten
- Kombinationsmöglichkeiten mit zwei mal zwei Tönen untersuchen (siehe www.mamu.ch).
- Werden die vier Felder des 4/4-Taktes als Felder einer Stellentafel betrachtet, können so alle Zahlen dargestellt werden, die aus den Ziffern 1 und 2 bestehen. Wie viele sind es? Wenn zusätzlich noch Pausen (Ziffer 0) erlaubt sind, gibt es viele weitere Möglichkeiten – musikalisch und mathematisch.
- Die gefundenen Ordnungen festhalten und in Kombinationen oder als Kanon mit unterschiedlichen Einsätzen, im ▶Krebs (rückwärts), in unterschiedlichen Tempi (doppelt oder halb so schnell) usw. spielen. Die Ordnungen instrumentieren oder mit melodischen Sequenzen kombinieren.

Hintergrund und Informationen
Tarot ist ein altes Kartenorakel. Dabei werden Karten in bestimmte Ordnungen gelegt, aus denen die Zukunft gedeutet wird. Die Faszination liegt dabei vor allem in der hohen Anzahl von Möglichkeiten, wie die Karten liegen können. Bei unserem Rhythmus-Tarot geht es nicht darum, die Zukunft zu deuten, sondern darum, alle möglichen Lösungen der Kombination von zwei rhythmischen Elementen zu finden und zu strukturieren. Zudem sollen auch Zufallsreihen gelegt werden.

Impuls 2: Geheimsprache

Material

- Klangstäbe (c, d, e, g, a) (▶ Instrumente)
- Schüttelrohr, Holzblock, Triangel

Handlungsvorschlag

Problemstellung:
Den fünf Vokalen werden die fünf Töne einer pentatonischen Tonleiter (▶ Tonmaterial) zugeordnet. Jeder Schüler, jede Schülerin entscheidet sich für eine Zuordnung (Abbildung 1). Gibt es bevorzugte Zuordnungen in der Klasse? Wie viele Möglichkeiten gibt es insgesamt? Welche Kriterien für die Zuordnung sind sinnvoll?

Rätsel:

1. Die Lehrperson buchstabiert das Wort «Freitag», indem die Vokale mit den entsprechenden Tönen ersetzt werden und für die Konsonanten der Holzblock erklingt. Die Kinder versuchen aufgrund der Vokale das Wort zu erraten.
2. In Partnerarbeit werden Wörter oder kurze Sätze vorbereitet und geübt. Ein Leerschlag kann durch ein weiteres Zeichen angezeigt werden. Zum Beispiel: Au_ / _e_ / _au_ / _ei_ / _au_ / _au_ / ei_e / _au_. (Mögliche Lösung: Aus dem Laub beim Baum schaut eine Maus.)
   Die Klasse sucht nach Lösungen. Eine Wortliste ist hilfreich.
   Wörterliste zu _au_: Baum, Laus, Laub, Lauch, Rauch, Haus, Maus, Saul, Paul, Maul, raus, schaut, laut, haue, baue usw.

Abbildung 1

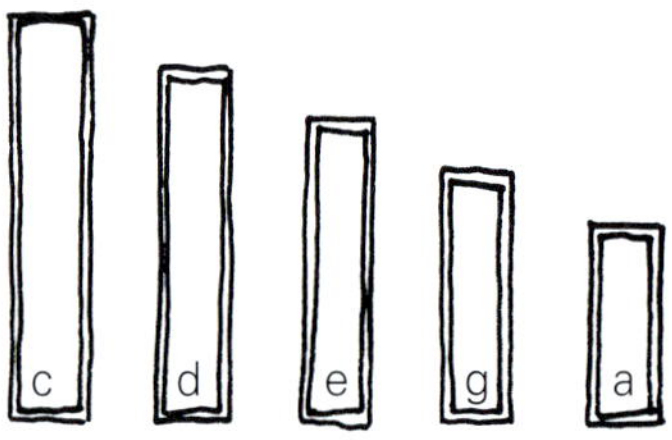

A	E	I	O	U
A	E	I	U	O
A	E	U	O	I
A	E	O	U	I
A	O	E	I	U
A	U	E	I	O
A	I	E	O	U
A	I	E	U	O
...				

Variante

- Die Vokale, einzelne Buchstaben oder Wörter durch andere Klänge (zum Beispiel ▶ Bodypercussion oder ▶ Vocussion) ersetzen.

Weiterführende Möglichkeiten

- Die Konsonanten können in Gruppen eingeteilt werden: Strömungslaute (h, s, z, sch, f, ch), Explosivlaute (Beispiele: p, b, t, d, k, g), Vollklinger (m, n, l) und Halbklinger (r, w, j). Diese Gruppen lassen sich gut unterschiedlichen Geräuschinstrumenten zuordnen. Die Geheimsprache wird so zwar immer eindeutiger, aber auch schwieriger zu realisieren.
- Ein Satz oder eine kurze Geschichte in einer Geheimsprache üben, auf Tonband aufnehmen und einer anderen Klasse vorspielen. Auf der Website www.mamu.ch können solche Geschichten ausgetauscht werden.

Hintergrund und Informationen

Oft finden die Kinder die Zuordnung am sinnvollsten, wenn dem tiefsten Ton das u und dem höchsten das i zugeordnet wird.
Sch, ck, ch, tz usw. bezeichnen jeweils einen Laut. Sie werden in dieser Geheimsprache deshalb nur durch einen Platzhalter oder ein akustisches Zeichen ersetzt.
Der Lust, mit dem Mund Geräusche und Klänge zu produzieren, kann im Musikunterricht Raum gegeben werden. Viele der Übungen in diesem Buch können auch mit ▶ Vocussion ausgeführt werden. Oft liegt die Hemmung eher bei der Lehrperson als bei den Kindern.
Die bewusste Auseinandersetzung mit dem Sitz und der Erzeugung von Vokalen und Konsonanten ist ein Ziel des Sprachunterrichts und eng verbunden mit dem Orthografieverständnis (siehe Abbildung 2).

Abbildung 2

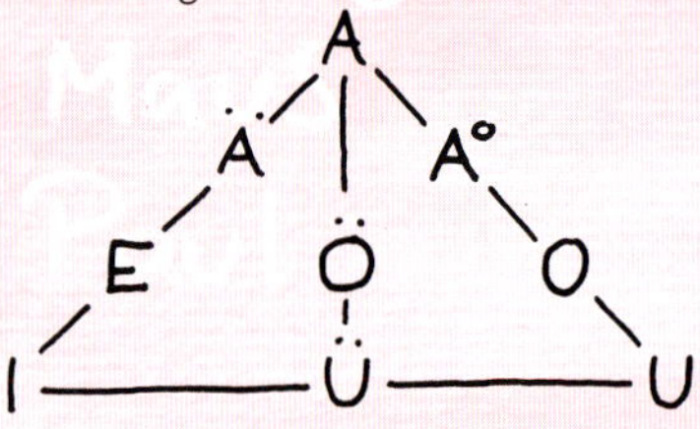

Vokaldreieck nach Hellwag

Quellen, Literatur

von Bergen, Heinrich (o.J.). Unsere Stimme – ihre Funktion und Pflege. Bern: Müller und Schade

Impuls 3: Musikbaukasten

→ CD

Material
- CD (Track 33–35): «Baukastenmelodien»
- Kopiervorlage: Musikbaukasten, S. 74
- Melodieinstrumente (▸ Instrumente)

Handlungsvorschlag
Den Musikbaukasten (siehe Kopiervorlage) auf starkes Papier vergrössern und die einzelnen Karten ausschneiden.
1 In der Klasse die unterschiedlichen rhythmischen Muster üben.
2 Zwei Kinder zusammen wählen einen Takt aus dem Musikbaukasten. Sie suchen dazu die entsprechenden Töne und üben den Baustein.

Spiel:
Wandelndes Orchester: Die gewählten Bausteine (A1–D4) werden in der vorgegebenen Reihenfolge (1–4) gespielt. Links neben jedem spielenden Kind steht ein «fremdes» zweites Kind. Dieses lernt durch Beobachten den neuen Baustein. Sobald kein Support mehr nötig ist, wandert das erste Kind zu einem neuen Baustein. Dort stellt es sich links neben die aktive Spielerin und lernt einen weiteren Baustein (siehe Abbildung).

Problemstellung:
Wie viele unterschiedliche Linien können gebaut werden,
- wenn nur die vier A-Bausteine zur Verfügung stehen? (Pausen sind auch Musik!)
- wenn mit allen Bausteinen A und B konstruiert werden kann?
- wenn drei Bausteingruppen verwendet werden können?
- wenn alle Bausteine zur Verfügung stehen?

Gestaltungsaufgabe und Rätsel:
In Gruppen aus allen Bausteinen eine Melodie bauen und der Klasse vorspielen. Welche Gruppe kann den dazugehörigen Bauplan notieren?

Varianten
- Auf der CD (Track 33–35) sind mögliche Ordnungen der Bausteine zu hören. Die Schülerinnen und Schüler versuchen die Bausteine entsprechend zu ordnen. Achtung: Track 35 ist zweistimmig!
- Spiele mit einzelnen Takten oder Taktkombinationen.
- Die Stimme einsetzen und die Melodien auf verschiedenen Silben singen oder unterschiedlich instrumentieren.

Weiterführende Möglichkeiten
- Die Melodien A, B, C und D oder die selbst gestalteten Melodien im Kanon spielen oder singen oder als mehrstimmige Ornamente kombinieren, instrumentieren und analysieren.
- Bausteine lassen sich auch im ▸ Krebs spielen und kombinieren.
- Experimentieren mit weiteren Möglichkeiten, zum Beispiel die Bausteine halbieren (A1/A2 usw.) oder neu kombinieren.
- Texte zu den Melodien komponieren oder die Musik als Begleitung für einen Rap oder als Zwischenmusik in einer Geschichte verwenden.

Hintergrund und Informationen
Die Bausteine lassen sich sowohl auf Silben singen (dondon, duda usw.) oder mit Instrumenten spielen. Da nur Töne zwischen d' und d'' verwendet werden, kann praktisch jedes Instrument eingesetzt werden.
Die dem Muster zugrunde liegende ▸ Akkordfolge heisst: [F – C/E][B/D – Dm7][Gm7/D – C7/E][C7/F – F]. Solche Bausteine lassen sich im Prinzip aus jedem ▸ Kanon gewinnen. Siehe www.mamu.ch.

Quellen, Literatur
Rizzi, W. (1988). Musikalische Animation. Arbeitsmaterialien für eine Musikwerkstatt. Fidula: Boppard/Rhein

Stellentafel

→ **Zahlenbuch:**

Zahlenstrahl, Zahlenfelder (Tausenderbuch, Millionbuch) und Ziffernkarten werden als Hilfsmittel zum Aufbau von Zahlbegriff und mathematischem Verständnis eingesetzt. Die Stellentafel ist ein wichtiges Darstellungsmittel für die Systematik unseres Zahlensystems. Die Kinder sollen die Bedeutung des Stellenwertes erkennen, Sicherheit gewinnen im Umgang mit grossen Zahlen und deren Sprech- und Schreibweise verinnerlichen. Die Stellentafel ist eine wichtige Grundlage für schriftliche Rechenverfahren.

Musikalische Aspekte: Klingende Ziffern und Zahlen

Unterschiedliche Geräusche, Klangfarben oder Töne lassen sich als akustische Impulse den Ziffern in der Stellentafel zuordnen. Bereits in Mathe macht Musik Band 1 wurden mit Zehner- und Einertönen Zahlen untersucht (S. 41) und Lotto gespielt (S. 45). Werden Zahlen mit Klangfolgen dargestellt (Impuls 1), so bilden sie sich linear, das heisst in der Zeit ab. Im Hunderterfeld oder Tausenderbuch bedeutet jeder entsprechende Klang eine Verschiebung um eine Seite (Hunderterton), eine Linie (Zehnerton) oder eine Spalte (Einerton). Dadurch entstehen melodische Folgen. Die rhythmische Gestaltung ist frei. Zusätzliche Klänge (Percussion) bestimmen die Richtung (+ oder –). Ganz ähnlich entstehen mehrstellige Zahlen in Impuls 4 (3-Ton-Session). Auch die Impulse 3 und 5 verwenden Klänge zur Übermittlung von Zahlen: Beim Morsen dienen zwei Klänge in einem Fünferschema für die Darstellung der zehn Ziffern, während bei den klingenden Ziffernkarten jeder Ziffer ein anderer Klang zugeordnet wird. Jedes System hat seine Tücken und seine positiven Seiten. Der Zahlen-Rap ist eine Herausforderung für das Rhythmusgefühl. Analog zu einem Rap mit sprachlichem Inhalt, werden hier Zahlenfolgen gerappt. Das kann zu einer richtigen «Zahlenschlacht» ausarten.

Lehren und Lernen

- *Konzentration: Werden Zahlen mit Klängen dargestellt, erfordert dies eine grosse Konzentrationsleistung, weil Klänge entweder über längere Zeit entstehen (Impulse 1, 3, 4) oder viele unterschiedliche Klänge erinnert und zugeordnet werden müssen (Impuls 5).
  Die Hirnforschung hat herausgefunden, dass das Erinnern von Klängen eine ausserordentlich hohe und vernetzte Gehirnaktivität bewirkt.*
- *Kommunikation: Zahlen können unterschiedlich notiert werden – mit arabischen oder römischen Ziffern, mit Jassstrichen oder mit weiteren Symbolen. Immer ist aber die dahinter liegende Systematik mit entscheidend für das Verständnis. Genau so ist es mit den gesprochenen Zahlen: vierhundertvierundzwanzig ist gleich viel wie fourhundredtwentyfour. Auch hier ist die Kenntnis des Systems wichtig, um richtig zu verstehen. Werden Zahlen mit Klängen oder Impulsen übermittelt (z.B. Telefonnummern oder alle digitalen Medien) so gibt es ganz unterschiedliche Lösungen. Mit den vorliegenden Impulsen werden einige Möglichkeiten aufgezeigt.*
- *Motivation: Die akustische Herausforderung in diesen Impulsen ist hoch. Der mathematische Hintergrund, die Stellentafel, eher banal. Je nach Situation geht es im Unterricht für die Lehrperson darum, die eine oder die andere Position zu nutzen und als Ziel in den Vordergrund zu stellen. So wird eine vertiefte Auseinandersetzung mit den Grundlagen der Arithmetik ermöglicht.*

Impuls 1: Schatzsuche

→ **CD**

→ **Zahlenbuch:**
3: 22
4: 14

Material

- Kopiervorlage: Tausenderbuch, S. 75
- Spielfiguren
- Klangstäbe (oder Boomwhacker) und Perkussion (▸ Instrumente)
- CD (Track 36): Schatzsuche im Tausenderbuch

Handlungsvorschlag

Jedes Kind hat sich ein Tausenderbuch (Kopiervorlage) gebastelt und anhand von Zählübungen bereits einige Zahlen ausgefüllt (Hintergrundbild). Einerschritte, Zehnerhüpfer und Hundertersprünge sind bekannt und werden von allen gefunden.

1 Gemeinsam wird je ein Klang für Einer, Zehner und Hunderter festgelegt. Natürlich muss das nun geübt werden, zum Beispiel: Wer kann seine Spielfigur auf die Zahl HHHZZE stellen?
2 Finden sich alle Kinder mit diesen akustischen Koordinaten gut zurecht, werden zwei unterschiedliche Geräusche bestimmt: eines für Plus und eines für Minus.
3 «Die Rechnung heisst: H (alle Kinder setzen ihre Figur auf die Zahl 100) Plus HZEE.» Jeder einzelne Schritt soll bei den ersten Versuchen an der Wandtafel protokolliert werden. Wer spielt weitere Rechnungen?
4 An der Wandtafel steht die Rechnung 387 – 42 + 100 + 222 – 750 = ?. Wie tönt diese Rechnung? In Fünfergruppen (jedes Kind ein Instrument für H, Z, E, +, –) wird geübt. Wo ist der Schatz versteckt? Wer den Weg zum Schatz gefunden hat, erfindet, notiert und übt eine neue Rechnung, die dann der Klasse vorgespielt wird.
5 Auf der CD (Track 36) ist ein Schatz versteckt. Da muss man ganz gut zuhören, um keine Abzweigung zu verpassen. Der Schatz ist hinter dem Feld 100 versteckt. Doch, wer findet den Weg? Am besten notiert man sich dazu beim Zuhören die Zahlen.

Gestaltungsaufgabe:
Die Schatzsuche in eine Geschichte kleiden und ausschmücken. Wer erfindet eine spannende Schatzsuche? Geschichten und Hörspiele können auf www.mamu.ch veröffentlicht werden.

Varianten

- Auf einem begehbaren Zahlenfeld spielen.
- Je einen Klang festlegen für plus E / minus E / plus Z / minus Z / plus H / minus H. So müssen sechs Klänge erkannt und zugeordnet werden (anstelle von fünf unterschiedlichen Klängen im Handlungsvorschlag).
  Kettenaufgaben mit E, Z und H werden gelesen und vertont. Beispiel: 385 + 200 – 40 – 3 – 300 + 6 + 70.

Weiterführende Möglichkeiten

- Es können weitere Funktionsklänge eingeführt werden, zum Beispiel Triangel = minus ZZZZ plus EE. Es braucht dann hohe Konzentration, um den Schatz zu finden. Solche Sonderzeichen können am Anfang der Geschichte erklärt werden. Oder schafft es eine Autorengruppe, innerhalb der Geschichte neue Zeichen einzuführen?
- Für die Schatzsuche im Millionenbuch (Zahlenbuch 4, S. 14 ff.) für Hunderttausender, Zehntausender und Tausender die Oktavtöne (▸ Intervall) der H, Z, E verwenden.

Hintergrund und Informationen

Zehnerhüpfer über/unter eine Hunderterschwelle (auf eine neue Seite) bereiten vielen Kindern Schwierigkeiten. Zur Veranschaulichung lohnt es sich, ein Tausenderbuch (siehe Zahlenbuch 3, S. 22 ff.) zu zerschneiden und die einzelnen Seiten untereinander anzuordnen.
Wird die Schatzsuche in eine Geschichte eingepackt, wird zugleich das Verständnis für Textaufgaben aufgebaut.

Impuls 2: Zahlen-Rap

→ **CD**

→ **Zahlenbuch:**
3: 22
4: 14

Material

- Kopiervorlage: Wasserhahn-Rap und rappige Zahlenfolgen, S. 76
- CD (Track 37): Wasserhahn-Rap
- CD (Track 38): Rap-Dialog
- CD (Track 39): Rap-Playback
- ▶ Metronom

Handlungsvorschlag

1. Im Klassenverband zuerst den Text «Wasserhahn-Rap» (Kopiervorlage) und dann Zahlenfolgen aus dem Millionenbuch oder dem Tausenderbuch gemeinsam laut lesen. Den gemeinsamen ▶ Puls dazu auf das Pult klopfen.
2. Nun sowohl mit dem Wasserhahn-Text wie auch mit Zahlentexten experimentieren. Einige Zahlenverbindungen gelingen kaum auf Anhieb.
   – Mit anderen Tempi ausprobieren (eventuell mit dem Metronom).
   – Im Wechsel zwischen Halbklassen oder mit mehreren Gruppen experimentieren.
3. Durch das Dehnen oder Verkürzen von Silben (siehe Impuls 2/1 «und Einundzwanzig...») und durch kleine Pausen können Texte dramatisiert werden. Eine Zahlenfolge kann so als Dialog zwischen zwei oder mehr Kindern oder zwischen einer Solistin und einer Gruppe (CD Track 38) oder als Geschichte mit Erzähler und handelnden Personen gespielt werden. Es ist hilfreich, sich dazu eine bestimmte Gesprächsszene vorzustellen. Mit ▶ Bodypercussion begleiten.
4. Auf der CD (Track 37) ist der Wasserhahn-Rap zu hören. Die ganze Klasse spricht mit und versucht später mit verteilten Rollen den ganzen Text zu einer eigenen Begleitung oder zum CD-Playback (Track 39) zu rappen.

Gestaltungsaufgabe:
Zu einer eigenen Begleitung mit Instrumenten oder Bodypercussion oder zum Playback (CD Track 39) in Partnerarbeit oder in kleinen Gruppen einen Zahlen-Rap erfinden. Dazu beliebige Zahlenfolgen aus dem Millionen- oder Tausenderbuch benützen. Auch mit reimenden Zahlen spielen. Einen Refrain einbauen, den alle mitsprechen können. Den Rap üben und der Klasse vorspielen. Neue Raps können auf www.mamu.ch veröffentlicht werden.

Varianten

- Die Aufgabe macht noch mehr Spass, wenn kleine Zwischentexte eingebaut werden dürfen.
- Die Zahlenfolgen in ein Kazoo (▶ Instrumente) sprechen.

Weiterführende Möglichkeiten

- Entwickeln einer eigenen Begleitung mit Bodypercussion (siehe Impuls 1/4 «Trommelmuster») oder mit Instrumenten.
- Wie tönt der Zahlenrap in anderen Sprachen. Lässt er sich übersetzen?
- Anstelle von Zahlen Wetterprognosen, Rezepte, das ABC oder den Bericht von der Schulreise «verrappen».
- Einen Rap notieren. Am besten wird dazu eine ▶ Notationsart mit Pulskästchen verwendet (siehe Impuls 7/2 «Silbenrhythmen»).

Hintergrund und Informationen

Zahlensprechen hat viel mit der Orientierung im Zahlenraum zu tun. Artikulatorische Fertigkeiten und bei langen Zahlenfolgen auch eine angepasste Atmung sind nötig. Meist wird beim aktiven Zahlensprechen oder bei anderen Aufzählungen automatisch richtig, das heisst mit einem Abspannreflex des Zwerchfelles, geatmet.
Das Gefühl für den Puls wird durch intensive Bewegungsbegleitung verstärkt. Rappen lässt sich auch in der Turnhalle!

Quellen, Literatur

«Das Rap-Huhn» / 10 tierische Raps von Felix Janosa (Eres 2216)

Impuls 3: Zahlen morsen

→ **Zahlenbuch:**
4: 18

Abbildung 1

1	•––––	di da da da dah
2	••–––	di di da da dah
3	•••––	di di di da dah
4	••••–	di di di di dah
5	•••••	di di di di dit
6	–••••	da di di di dit
7	––•••	da da di di dit
8	–––••	da da da di dit
9	––––•	da da da da dit
0	–––––	da da da da dah

Abbildung 2

HT	ZT	T	H	Z	E
2	1	3	5	3	4
••–––	•––––	•••––	•••••	•••––	••••–

Material

- ▶Instrumente für Variante

Handlungsvorschlag

Morsen wurde verwendet, um Informationen weiterzugeben. Das Morsealphabet besteht nur aus kurzen (dit) und langen (dah) Impulsen. Jede Ziffer besteht aus fünf Impulsen (siehe Abbildung 1).

1. An der Wandtafel steht eine ausgefüllte Stellentafel (siehe Zahlenbuch 4, S. 18 und Abbildung 2)
2. Die Lehrperson spielt eine Ziffer, die Kinder erraten sie. Anschliessend spielen die Kinder einzelne Ziffern.
3. Um ganze Zahlen spielen zu können, muss die Spielrichtung vereinbart werden. Es gibt theoretisch mehrere Möglichkeiten. Da Morseinformationen aber mitgeschrieben werden, wird immer in der Schreibrichtung gespielt.
4. Die Zahl wird nun von allen gemeinsam gespielt. Wer bestimmt das Tempo? Wie lange ist die Pause zwischen zwei Ziffern?
5. In Partnerarbeit notieren die Kinder Zahlen und üben die Umsetzung in Morsezeichen. Anschliessend vorspielen und notieren.

Problemstellung:
Morseprofis verwenden kürzere Zeichen. Wer findet die beste Lösung? Die offiziellen Kurzzeichen für Ziffern sind unter www.mamu.ch zu finden. Dort können auch Lösungen zur Diskussion gestellt werden.

Varianten

- Zum Morsen können anstelle der unterschiedlich langen Töne auch zwei verschiedene Klänge oder Tonhöhen verwendet werden: Morsen mit zwei Xylophontönen, anderen Instrumenten (an die Türe klopfen) oder auch mit Taschenlampen im Dunkeln.
- Zweihändig geklopft geht es schneller, doch muss das Muster L–R–L–R–L gut automatisiert werden. Jede einzelne Ziffer fühlt sich beim Spielen durch den Wechsel von linker zu rechter Hand unterschiedlich an. Welche Zahlen sind ähnlich?

Weiterführende Möglichkeiten

- Der Wettbewerb um den schnellsten Morser wird rasch entbrennen. Das Tempo kann mit der Stoppuhr (Zeitbedarf für eine bestimmte Zahl) oder mit einem ▶Metronom (höchste Zeichenkadenz) gemessen werden. Wichtigstes Kriterium beim Morsen von Zahlen ist aber die Verständlichkeit.
- Durch die Verwendung von Signalen für die Operatoren (+, –, ·, :) lassen sich Rechnungen morsen.

Hintergrund und Informationen

Sowohl das Klopfen der Zahlen wie auch das Wiedererkennen brauchen Übung. Es ist darum sinnvoll, zuerst nur mit den Ziffern 0 bis 5 zu spielen. Auch ohne die Verwendung eines Metronoms wird sich im gemeinsamen Spiel ein einheitlicher ▶Puls einstellen. Das macht Spass, verursacht aber auch Stress. Das Tempo muss beim gemeinsamen Spielen immer den langsameren Kindern angepasst werden. Zu beachten ist aber auch, dass alle Kinder zum gleichen Tempo «gezwungen» werden.
Weitere Informationen zum Thema «Morsen» finden sich auf der Website www.mamu.ch oder in Mathe macht Musik 3, Impuls 4/2 «Morsen».

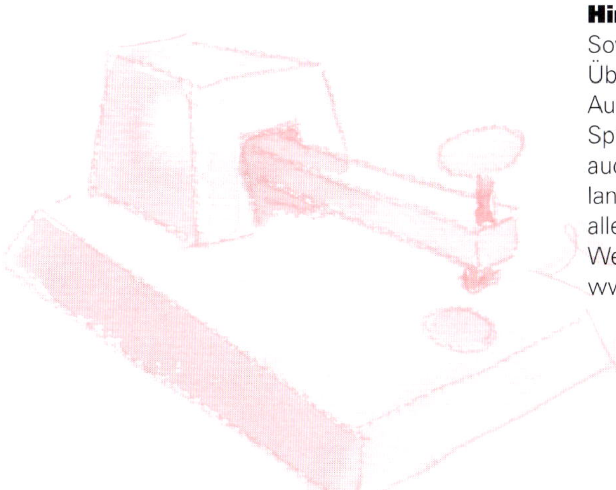

Impuls 4: 3-Ton-Session

→ **CD**

→ **Zahlenbuch:**
3: 20–21

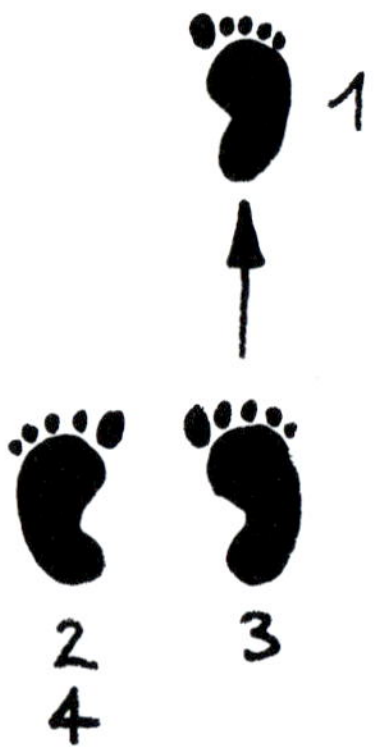

Material

- CD (Track 40–43): Tonmuster zum Zusammenrechnen

Handlungsvorschlag

1 Die Klasse steht im Kreis. Alle realisieren mit nebenstehendem Tanzschritt einen gleichmässigen Viererpuls (Abbildung). Treten an Ort, abwechslungsweise rechts und links. Die Eins wird jeweils mit einem Schritt nach vorn akzentuiert.

2 Die Lehrperson singt während eines Takts mehrmals einen Ton. Die Klasse wiederholt das Muster und zählt gleichzeitig die Anzahl Töne in einem Takt, zum Beispiel:

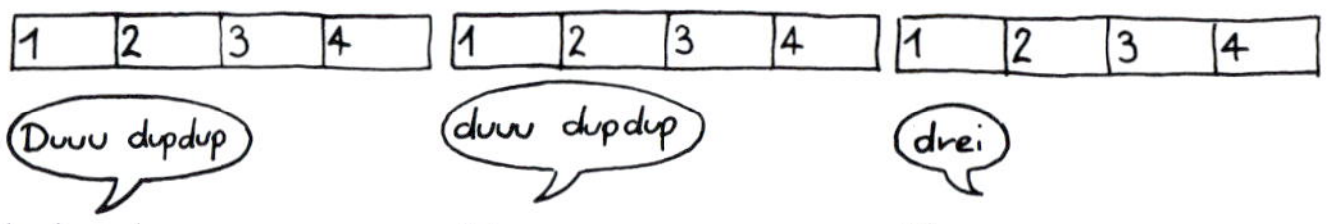

Lehrerin Klasse Klasse

3 Im Beispiel erklingt der Ton in einem Takt dreimal. Wenn jeder Ton den Wert 1 hat, heisst die Lösung 3. Wie heisst das Resultat, wenn jeder Ton den Wert 10 hat oder wenn jeder Ton den Wert 100 hat?

4 Auf der CD (Track 40) sind Muster mit zwei Tönen (Beispiel: so–mi) zu hören. Wer kann ein Muster nachsingen? Der hohe Ton hat den Wert 100, der tiefere den Wert 10. Wer findet den «Wert» jedes Musters heraus? Wie viel ergeben alle Muster zusammen?

Problemstellung:
Auf der CD (Track 41–43) sind Muster mit drei Tönen zu hören. Die Muster üben, bis alle sie auswendig singen können. Welche Zahlen könnten dahinter stecken? Wie viele Möglichkeiten gibt es, wenn die Töne Einer, Zehner und Hunderter darstellen? Welche Zuordnung der Töne gibt den höchsten Wert?

Gestaltungsaufgabe:
In Gruppen durch Wiederholen, Variieren und Kontrastieren von verschiedenen Dreitonmustern musikalische Formen komponieren. Die eigenen Stücke mit der Klasse üben.

Varianten

- Ohne Tonhöhen, nur mit Silben oder ▶ Bodypercussion spielen.
- Für unterschiedliche Tonhöhen die Tonsilbennamen (do–re–mi usw.) verwenden.
- Die drei Töne für HT, ZT, T verwenden oder mit weiteren Tönen für grössere Zahlen spielen.

Weiterführende Möglichkeiten

- Einzelne Schülerinnen und Schüler improvisieren Muster, die Klasse wiederholt. Alle versuchen die Anzahl Töne, den Wert während eines einzelnen Schrittes oder den Gesamtwert herauszufinden.
- Ein besonders geeignetes (weil bekanntes, einfaches oder lustiges) Motiv wird jeder Gruppenwiederholung angehängt. Anschliessend rufen alle das Resultat.
- Notieren von gespielten oder gehörten Mustern in ein Taktmuster auf dem Arbeitsblatt.

Hintergrund und Informationen

Die Aufgabe wirkt banal, aber bereits das Erkennen der Anzahl Tonwiederholungen ist wegen der Flüchtigkeit der Töne, und weil gleichzeitig gesprochen wird, für einzelne Kinder anspruchsvoll. Aus der neurophysiologischen Forschung ist bekannt, dass das Erinnern und Voraushören von Tönen (Audiation: siehe www.mamu.ch) eine hohe Hirnaktivität erzeugt. Dieser Effekt tritt sowohl beim Lesen geschriebener als auch beim Analysieren und Notieren gehörter Muster auf.

Impuls 5: Klingende Ziffernkarten

→ **Zahlenbuch:**
3: 60

Material

- Ziffernkarten 0–9 (aus den Materialien zum Zahlenbuch oder selber herstellen)
- fünf Klangstäbe (▶ Instrumente, Tonmaterial, Intervall)

Handlungsvorschlag

1. Die Ziffernkarten 1, 2, 3, 4, 5 werden der Reihe nach ausgelegt und den Klangstäben zugeordnet (siehe Abbildung).
2. Mit einem Drei-Ton-Motiv können so alle dreistelligen Zahlen mit den Ziffern 1 bis 5 dargestellt werden. Drei-Ton-Motive erfinden und nachspielen und die Zahlen zuordnen, die aus jedem Motiv abgeleitet werden können.
3. Reihenfolge der H, Z und E vereinbaren (Lese- oder Schreibrichtung) und weitere Zahlen spielen lassen.
4. Wer erkennt die Zahl ohne Sichtverbindung zu den Klangstäben?
5. Wer kann zwei Zahlen mitschreiben, die nur durch einen Trommelschlag unterbrochen werden? Wie ist es mit drei Zahlen?

Varianten

- Spiel mit den Ziffern 6, 7, 8, 9, 0 oder anderen Ausschnitten aus der Ziffernreihe.
- Ziffernkarten mit ▶ Bodypercussionsmustern belegen (siehe Mathe macht Musik 3, Impuls 11/3 «Reihen raten»).

Weiterführende Möglichkeiten

- Wer kann die zwei Zahlen addieren (Signal für + vereinbaren) oder subtrahieren (Signal für – vereinbaren). Auch für Multiplikation oder Division können akustische Signale vereinbart werden. So können ganze Kettenrechnungen akustisch vermittelt werden (siehe Impuls 4/2 «Klingende Zahlenrätsel»).
- Mit der Verwendung weiterer Zahlen kann mit zusätzlichen Ziffern gespielt werden. Der Schwierigkeitsgrad steigt jedoch exponentiell.
- Resultate von Hausaufgaben vorspielen lassen.

Hintergrund und Informationen

Die Kinder selber wählen lassen, ob sie mit oder ohne Sichtverbindung zu den Klangstäben rechnen wollen.
Die verbale Sprache wird hier durch eine nonverbale Klangsprache ersetzt. Das Spiel (auch mit Sichtverbindung) erfordert höchste Konzentration. Es sollte deshalb nicht zu lange gespielt und behutsam aufgebaut werden. Es ist aber erstaunlich, wie sicher und rasch die Kinder mit etwas Training die Tonhöhen den Zahlen zuordnen können und automatisch auf die Sichtverbindung verzichten. Den Klängen werden Bedeutungen zugeordnet; so entsteht eine Art Geheimsprache. Damit sich jedes Kind genügend Zeit nehmen kann, sollte daraus jedoch kein Wettbewerb gemacht werden.

Verflixt!

→ **Zahlenbuch:**

Siehe das Kapitel «Denkschule» in den Begleitbänden zu den Zahlenbüchern 1–6.

Für den Mathematikunterricht haben neben den fachorientierten Lernzielen (Themenkreise 1–6 und 8–11) eine Reihe von allgemeinen Lernzielen eine hohe Bedeutung:
Die Fähigkeit, reale Situationen in die Sprache der Mathematik zu übersetzen, mathematisch zu lösen und das Ergebnis in der realen Situation zu interpretieren: mathematisieren
Die Fähigkeit, Situationen experimentell zu erforschen, Beziehungen und Strukturen zu entdecken, Strukturen zu erfinden: entdecken und problemlösen
Die Fähigkeit, mathematische Sachverhalte sprachlich zu erklären: argumentieren und begründen
Die Fähigkeit, Beobachtungen, Überlegungen, Begründungen, Vermutungen zu mathematischen Sachverhalten mündlich und schriftlich auszudrücken: darstellen und formalisieren
Diese allgemeinen mathematischen Fähigkeiten werden in allen Themenkreisen auf der Basis des inhaltlichen mathematischen Wissens aufgebaut. Kompetenzen in Mathematisieren, Problemlösen, Argumentieren und Darstellen wirken sich aber umgekehrt auch positiv auf das Erreichen inhaltlicher Lernziele aus. In den Begleitbänden zu den Zahlenbüchern werden im Kapitel «Denkschule» ausgewählte Denk- oder Problemlöseaufgaben vorgestellt.

Musikalische Aspekte: Mit Musik spielen

Musizieren heisst, mit Tönen, Geräuschen oder Silben zu spielen. Bei diesem Spiel geht es darum, die vorgesehenen Töne mit ihrer Klangfarbe, Lautstärke, Tonhöhe und Artikulation zum richtigen Zeitpunkt zu spielen. Beim Spielen von Musik werden also mathematisch notierte Symbole in reale Aktivität umgesetzt. Beim Notieren von Musik will die reale Situation in die abstrakte Sprache der Notenwerte und Tonhöhen übersetzt werden.
Mathematisieren und Interpretieren, Argumentieren und Begründen sowie Darstellen und Formalisieren sind wichtige Fähigkeiten im Umgang mit musikalischen Notationen (Impuls 2) oder beim Vereinbaren von Regeln für das gemeinsame Musizieren (Impuls 1). Diese Fähigkeiten spielen auch in vielen Impulsen der Themenkreise 1–6 und 8–11 eine wichtige Rolle.
Im Themenkreis 7 geht es grundsätzlich darum, musikalisches Spiel auch als mathematische Lernsituation zu verstehen. Bei allen Impulsen wird deutlich, wie Musik auf unterschiedlichen Ebenen Probleme generieren kann. Dies beruht vor allem darauf, dass musikalische Situationen – wie übrigens die meisten komplexen Probleme – schwierig zu fassen sind. Die individuelle Vorstellungsbildung ist, ähnlich wie beim Verstehen von Textaufgaben, eine wichtige Grundlage für die Klärung der Aufgabenstellung. Im Gegensatz zu vielen realen Situationen bieten Problemstellungen aus Klang und Bewegung den Vorteil, dass durch die Wiederholung der Übung, die Probleme 1:1 nachgespielt werden können.
Beim Spiel mit Tönen und Bewegungen gibt es also über die rein musikalischen Fragen hinaus einiges zu entdecken. In der Realisation einer Klangfolge oder bei einem Kanoneinsatz, in der Überlagerung verschiedener Bewegungsfolgen (Impulse 1 und 3) oder durch die Veränderung eines einzigen Parameters (Impuls 1) erscheinen faszinierende mathematisch-musikalische Phänomene. Unterschiedliche Denkmuster und Lösungsansätze führen zu spannenden Entdeckungsreisen und tief in die Strukturen des musikalischen Spiels.

Lehren und Lernen

- *Lernklima: Die meisten der Probleme haben mehrere Lösungswege. Gute Lösungswege sind für alle Beteiligten nachvollziehbar (partizipativ). Einander genau zu verstehen ist nicht immer einfach, insbesondere auch dann, wenn eigene Lösungsideen mit anderen, ungewohnten Darstellungsformen veranschaulicht werden. Eine andere Lösung trotzdem zu verstehen bedeutet eine hohe Denkleistung. Diese Aufgabe fördert die Einsicht in die Problematik transdisziplinärer Verständigung.*
- *Kreativität: Alle diese schwierigen Aufgaben können nur handelnd gelöst werden. Die Lösungsansätze müssen ausprobiert werden. Fehler zu machen ist dabei unumgänglich und gleichzeitig auch ein wichtiges Potenzial für neue Lösungswege.*
- *Selbstvertrauen: Die meisten Probleme haben mehrere Lösungswege. Das Kennenlernen anderer Lösungswege macht die Vielfalt der Denkwege bewusst. Fremde oder auf den ersten Blick unrealistische Lösungsansätze sind interessant, weil sie andere Denkwege aufzeigen. Da Lernen sehr effizient ist, wenn eigene Wege verfolgt werden können, ist es wichtig, individuelle Wege zu schützen und sie nicht gleich zugunsten einer einfacheren oder auf den ersten Blick einleuchtenderen Lösung aufzugeben. Bereits bei Partnerarbeit besteht die Gefahr, dass persönliche Denkansätze verschüttet werden.*

Impuls 1: Zimmermannsgruss

→ **CD**

Abbildung 1

Abbildung 2

Abbildung 3

Material

- Kopiervorlage: Himmel und Erde, S. 66
- Kopiervorlage: Lied Zimmermannsgruss und Notationshilfe, S. 77/78
- CD (Track 6): Himmel und Erde
- CD (Track 44): Zimmermannslied

Handlungsvorschlag

1. Die drei Bewegungen (gemäss Abbildung 1) als Dreier repetieren und dazu fortlaufend zählen. Bei jedem Klatschen die aktuelle Zahl laut rufen.
2. Zwei Kinder stehen sich gegenüber und klatschen gemeinsam die Bewegungen 4 bis 6 (siehe Kopiervorlage). Auch dazu fortlaufend zählen.
3. Die Zimmerleute singen zum Zimmermannsgruss ein Lied im $^4/_4$-Takt (CD Track 44). Das ist schwierig. CD (Track 6) liefert ein Playback im $^3/_4$-Takt. Beide Lieder liegen als Kopiervorlage bei.

Spiel:
Sobald alle den 6-teiligen Bewegungsablauf automatisiert haben, einen Kreis bilden (siehe Abbildung 2) und mit der ganzen Klasse spielen und singen. Während den Bewegungen 1 bis 3 drehen sich alle jeweils um 180°.

Problemstellung:
Zwei Kinder stehen sich gegenüber und spielen den Zimmermannsgruss. Zwei andere stellen sich übers Kreuz dazu und spielen ebenfalls den Zimmermannsgruss (siehe Abbildung 3). Wer findet die einzige Einstiegsmöglichkeit, die zu keinen Zusammenstössen führt? Wer kann zum Bewegungsablauf der Gruppe 1 den Bewegungsablauf für die zweite Gruppe notieren (siehe Kopiervorlage)?

Gestaltungsaufgabe:
In Dreiergruppen mit den bekannten Elementen einen Bewegungsablauf erfinden, bei dem alle Spielerinnen und Spieler gleichwertig beteiligt sind. Den Bewegungsablauf in einem Raster notieren (siehe Kopiervorlage). Ideen anderer Gruppen lesen und umsetzen. Gestaltungsideen können auf www.mamu.ch ausgetauscht werden.

Variante

- Die Elemente des Zimmermannsgrusses können auch als Begleitungen zu anderen Liedern verwendet werden (siehe auch Mathe macht Musik 3, Impuls 7/2 «That's it!»).

Weiterführende Möglichkeiten

- Mehrere Gestaltungsformen für Dreiergruppen zu einer Grossform kombinieren.
- Bekannte Grussformen zusammentragen, neue erfinden. Welche Bedeutung hat der Gruss? Wie entstehen Moden und Traditionen?
- Zimmermannslied zur Bewegung singen.
- Musik umsetzen in szenischen Interpretationen (Vorschlag zu «Himmel und Erde» auf www.mamu.ch).

Hintergrund und Informationen

Wenn sich früher Zimmerleute auf der Wanderschaft trafen, so war es Brauch, in fröhlicher Runde den Zimmermannsgruss zu singen. Der makabere Text der vier Strophen erinnert dabei an das grosse Berufsrisiko und mahnt zur Vorsicht bei der Arbeit.
Solche Begrüssungsformen sind in Mannschaftssportarten sehr verbreitet. Sie sind dort auch ein Mittel zur Stärkung des Gemeinschaftsgefühls.
Ein gemeinsamer ▶Puls bedeutet für alle dasselbe Tempo in den Bewegungsabläufen. Da die Lösung von der ganzen Gruppe realisiert werden soll, sind die Anforderungen an das Team sehr hoch. Ungenauigkeiten bewirken oft Folgefehler.

Impuls 2: Silbenrhythmen

→ CD

Abbildung 1

TAK		TAK		TAK	TAK	DUN	DUN

Abbildung 2

TAK		TAK		TAK	TAK	DUN	DUN	
1		2		3		4		(1)
1	2	3	4	5	6	7	8	(1)
1				2				(1)

Abbildung 3

𝄾	TAK	TIKI	𝄾	𝄾	TIK	TAK	
m			m	m			

Abbildung 4

I = hohe Stimmlage (TIK, TIKI)
A = mittlere Stimmlage (TAK, TAKA)
U = tiefe Stimmlage (DUN, DURU)

Material

- Kopiervorlage: Silbenrhythmen, S. 79
- Kopiervorlage: Notenwerttabelle Bastelanleitung, S. 79
- CD (Track 45–46): Silbenrhythmen
- ▶ Metronom

Handlungsvorschlag

1. Ein Silbenrhythmus (Abbildung 1) steht an der Wandtafel. Im Klassenverband in gemeinsamem Tempo den Rhythmus laut lesen. Später weitere Rhythmuslinien aus der Kopiervorlage verwenden.
2. Silbenrhythmus anhören (CD Track 45) und den ▶ Kanoneinsatz markieren.
3. In Partnerarbeit weitere mögliche Kanoneinsätze ausprobieren und notieren.
4. Einzelne Rhythmuslinien zu grösseren Abschnitten kombinieren und so in der Klasse den ganzen Silbenrhythmus üben.

Spiel:
In Gruppen auf der Kopiervorlage einen Weg durch die Silbenrhythmen festlegen (Wiederholungen, Sprünge usw. einbauen) und üben. Dann den eigenen Ablauf gegen die CD (Track 46) oder gegen eine andere Gruppe spielen. Weitere Regeln für spannende Rhythmussession erfinden. Ideen können unter www.mamu.ch ausgetauscht werden.

Problemstellung:
Eine Notenwerttabelle basteln (siehe Kopiervorlage) und damit
– einen ausgewählten Silbenrhythmus in traditionelle ▶ Notation umsetzen,
– einen traditionell notierten Rhythmus in Silbennotation umsetzen.

Gestaltungsaufgabe:
Eigene Rhythmen erfinden und mit unterschiedlichen Notationen notieren. Die Silben können auch durch Texte ersetzt werden (siehe Impuls 6/2 «Zahlen-Rap» oder 2/1 «und Einundzwanzig ...»). Von anderen Gruppen lesen lassen.

Varianten

- Mit unterschiedlichem ▶ Puls spielen (Abbildung 2).
- Silbenrhythmen mit ▶ Instrumenten umsetzen.

Weiterführende Möglichkeiten

- Platzhalter für Pausen einführen (Abbildung 3).
- Silben durch Symbole für unterschiedliche Aktionen oder Instrumente ersetzen.
- Mehrstimmige Notationen für Stimme, ▶ Bodypercussion oder Instrumente entwickeln.

Hintergrund und Informationen

Jede Notation ist in der Musik als Hilfsmittel zu verstehen.
Darauf achten, dass die verwendeten Vokale unterschiedliche Tonhöhen bedeuten (Abbildung 4).
Die Silbennotation in diesem Impuls ist eine einfache Möglichkeit, um auf ein ▶ Metrum bezogene Zeitverhältnisse festzuhalten. Wie mit der traditionellen Notenschrift werden so Bruchteile eines Ganzen bezeichnet. Obwohl der Zahlenraum der Brüche (1 > x > 0) erst in der 5./6. Klasse vertieft erarbeitet wird, gibt es viele Schülerinnen und Schüler, die schon Jahre vorher im Instrumentalunterricht komplexe Bruchrechnungen durchführen.

Quellen, Literatur

Reiter, G. (1998). Body Percussion 1. Innsbruck: Helbling

Impuls 3: Zwölf

→ **CD**

Abbildung 1

1	2	3	4	5	6	7	8	9	10	11	12
1	2	3	4	5	6	7	8	9	10	11	12
1	2	3	4	5	6	7	8	9	10	11	12

Abbildung 2

1	2	3	4	5	6	7	8	9	10	11	12
x		x		x	x		x		x		x

Material

- CD (Track 47–52): Zwölferglocke
- CD (Track 53): Sosu Njako

Handlungsvorschlag

1. Die Zahlenreihe 1–12 steht an der Wandtafel. Mit der Klasse werden regelmässige Strukturierungsmöglichkeiten gesucht (Abbildung 1).
2. Regelmässig zählen und dazu die Betonungen durch Schritte, später durch Klatschen mitspielen.
3. Den nebenstehenden Rhythmus (Abbildung 2) üben. Auf der CD (Track 47–52) ist er bei jeder Aufnahme mit einer anderen Begleitstruktur zu hören. Wer will die Begleitung mitsprechen, wer den Rhythmus dazu spielen?

Wettbewerb:
Kombinieren von regelmässiger Struktur (in den Füssen) und Rhythmus (klatschen):
- Wer schafft es, den Zwölferrhythmus mit zwei unterschiedlichen Begleitungen zu klatschen?
- Wer schafft alle Kombinationen?
- Wer schafft den Parcours mit je einem Durchgang zur 1er-, 2er-, 3er-, 4er-, 6er- und 12er-Struktur?

Varianten

- Verschiedene Klangfarben innerhalb einzelner Zwölfermuster kombinieren (▶ Bodypercussion oder Instrumente).
- Zur CD (Track 47–52) die Begleitung mitspielen und dabei dem Solorhythmus zuhören.
- Zwei Begleitmuster abwechselnd spielen, zum Beispiel abwechslungsweise die Zweier- und die Dreierstruktur.
- Mehrere Begleitmuster in Gruppen gleichzeitig spielen. Wer setzt sich durch?

Weiterführende Möglichkeiten

- Die Strukturierungsmöglichkeiten grafisch (mit Symbolen, Silben usw.) darstellen. Wer findet gute Lösungen? Ideen sind auf www.mamu.ch zu finden.
- Weitere Zahlen nach ihren Teilern untersuchen und damit musizieren.
- Experimentieren mit verschiedenen Taktarten zu bekannten Liedern (siehe auch Mathe macht Musik 3, Impuls 7/2 «That's it!»).
- Durch die Überlagerung verschiedener ▶ Metren entsteht ein polymetrisches Geflecht. Damit lassen sich spannende musikalische Ornamente bauen.

Hintergrund und Informationen

Die verschiedenen Unterteilungen entsprechen unterschiedlichen Metren oder Taktarten. Der Wechsel von einer Begleitstruktur zu einer anderen ist schwierig, weil dadurch der Rhythmus in einer völlig neuen Umgebung steht und sich neu präsentiert.
Nicht jede Bewegungskombination gelingt allen Spielerinnen und Spielern gleich einfach. Individuelle Übungsstrategien müssen auf die persönlichen Zugänge Rücksicht nehmen, damit sie zum Erfolg führen. Die Kinder können in die Suche nach Übungsmethoden einbezogen werden: Wer ist der beste Trainer, die beste Trainerin?
Dieser Zwölferrhythmus ist ein oft vorkommendes Begleitmuster für die Glocke (Cow-Bell) in afrikanischer Musik (CD Track 53). Afrikanische Musiker begleiten ihr Spiel oft mit gesprochenen Silben (siehe Abbildung 3).

Abbildung 3

Rhythmus	x		x		x					x		x
3er	x			x						x		
Silben	gadsch		ga	dschi	ga			ga		gadsch		ga
R/L Hand	B		R	L	R			R		R		R

Rhythmussilbe: ga
Begleitsilbe: dschi
Kombination: gadsch
B: beide Hände

Quellen, Literatur

Schütz, Volker (1992). Musik in Schwarzafrika. Oldershausen: Lugert-Verlag

Rechnen mit Geld

→ **Zahlenbuch:**

3: Preise und Geldbeträge 8–9
Unser Geld 24
Anwendungen 25, 42–43, 50, 52, 54, 78–79
4: Einzelpreis – Gesamtpreis 62–63
Anwendungen 10, 49–50, 52–53

1: Münzen und Noten 28–29
Anwendungen 68–71, 96–97
2: Münzen und Noten 20–21
Anwendungen 19, 31–32, 36–37, 68–69, 82–83
5: Dezimalschreibweise 28
Anwendungen 24, 33
6: Anwendungen 56, 87

Ziel dieses Themas ist es, die Vorkenntnisse zum Geld aufzugreifen und zu vertiefen. Dies erfolgt in vielen Anwendungen. Der Umgang mit Banknoten und Münzen ist zudem eine mögliche Veranschaulichung für das Rechnen im Tausenderraum.
Im Zahlenbuch 3 werden die Sicherheitsmerkmale und die Abbildungen auf den Banknoten thematisiert (Seite 24).

Musikalische Aspekte: Hören und Vorstellen

Münzen unterscheiden sich nicht nur hinsichtlich Aussehen, Gewicht und Grösse. Ihre Klangdifferenzen zu registrieren bedeutet eine differenzierte Schulung des Gehörs. Verschiedene Klangfolgen und Wiederholungen ergeben klangliche Gestaltungen, die über ihren rechnerischen Wert verglichen werden können.
Das Feststellen feiner Klangunterschiede beim Fallenlassen von Münzen ist eine motivierende Herausforderung und bewirkt eine hohe Konzentration der ganzen Klasse. Unterschiedliche Unterlagen führen zu unterschiedlichen Klängen. Damit lässt sich experimentieren. In der Stille wird plötzlich vieles hörbar, was vorher unhörbar war, und in jedem Kopf entstehen Geschichten.
Von den Banknoten ist vor allem die 20-Franken-Note musikalisch interessant. Sie ist dem Komponisten Arthur Honegger (1892–1955) gewidmet und zeigt auf der Rückseite Details aus seiner berühmten Komposition «Pacific 231» (siehe www.mamu.ch).

Voraussetzungen

Aufgrund ihrer physischen Voraussetzungen sollten normalerweise alle Kinder die Klangunterschiede verschiedener Münzen wahrnehmen können. Werden bei Kindern Hörprobleme festgestellt, ist unbedingt mit den Eltern Kontakt aufzunehmen. Das Nichthören eines Unterschieds hat aber vielfach damit zu tun, dass die Wahrnehmung zu wenig auf das entscheidende Detail gerichtet ist.

Lehren und Lernen

- *Wahrnehmung: Klangnuancen lassen sich unterscheiden, aber nicht alle Kinder hören gleich gut. Manchmal muss man allerdings nur wissen, worauf man genau hören soll: auf Tonhöhe, Tonlänge, Lautstärke, Klangfarbe oder Klangverlauf?*
- *Konzentration: Die feinen akustischen Differenzen bedingen eine hohe Konzentration der ganzen Gruppe. Diese hohe Aufmerksamkeit überträgt sich auch auf die mathematische Fragestellung.*
- *Motivation: Das quizähnliche Arrangement der Aufgabenstellungen bewirkt eine hohe Motivation der Kinder. Alle hören dasselbe – hören wirklich alle dasselbe? Diese Herausforderung ist nicht einfach eine Rechenaufgabe!*

Impuls 1: Kassensturz

Material

- Drei oder vier gebräuchliche Münzen, je nach Unterrichtsthema eventuell Münzen ausländischer Währungen

Handlungsvorschlag

1. Die Kinder sitzen um einen Tisch oder im Kreis am Boden mit dem Rücken zur Kreismitte und halten die Augen geschlossen.
2. Die Lehrperson lässt nacheinander ein Fünffrankenstück, ein Einfrankenstück und ein Zehnrappenstück auf den Tisch oder auf den Boden fallen und deckt die Münzen anschliessend zu.
3. Die Kinder schreiben auf, welche Münzen sie gehört haben. In der nachfolgenden Diskussion begründen sie ihre Annahme und vergleichen mit den Münzen, die auf dem Tisch oder auf dem Boden liegen.
4. Die Lehrperson lässt nun dieselben Münzen in einer bestimmten Reihenfolge fallen, zum Beispiel 5.–, –.10, 1.–, –.10, 1.–.
   Die Münzen sollen immer nacheinander fallen gelassen werden.
5. Die Kinder schreiben die Summe, die sie unter dem Tuch vermuten, an die Wandtafel. Zur Kontrolle werden die Münzen nochmals fallen gelassen. Wer weiss die Rechnung?

Gestaltungsaufgabe:
In Dreiergruppen drei Münzen wählen und damit Rechnungen erfinden. Je eine Rechnung der Klasse vorspielen. Wer weiss die Rechnung?

Problemstellung:
Wie viele mögliche Resultate gibt es
- mit drei unterschiedlichen Münzen, wenn nacheinander fünf / vier / sechs / drei / zehn Münzen erklingen?
- mit vier unterschiedlichen Münzen, wenn nacheinander fünf / vier / sechs / drei / zehn Münzen erklingen?

Wer findet einen Trick, um die Anzahl der möglichen Resultate für jede beliebige Münzen- und Geräuschzahl auszurechnen?

Varianten

- Mit anderen Geldstücken oder Münzen anderer Währungen spielen. Dazu müssen die erhältlichen Münzen der verwendeten Währung bekannt sein.
- Die Geldbeträge können erweitert werden, wenn für die verschiedenen Noten unterschiedliche Geräusche vereinbart werden.

Weiterführende Möglichkeiten

- Auf welcher Unterlage lassen sich die Unterschiede einfach feststellen, wo ist es schwierig? Die Resonanz unterschiedlicher Unterlagen nach verschiedenen Kriterien (Lautstärke, Klangfarbe, Nachklingzeit) ordnen.
- Wer kann den Betrag gut schätzen, wenn alle Münzen miteinander auf den Tisch geworfen werden?
- Wer findet weitere interessante Fragen? Unter www.mamu.ch können diese ausgetauscht werden.

Hintergrund und Informationen

Für diese Aufgabe muss es im Schulzimmer sehr still sein. Auch Aussenlärm wirkt rasch störend. Die Aufgabenstellung fordert sowohl mathematisch (es gibt viele mögliche Lösungen) als auch musikalisch (feine Klangnuancen sollen wahrgenommen werden). Fallen dabei Kinder auf, die offensichtlich schlecht hören, sollte die Frage der Hörfähigkeit mit den Eltern thematisiert und eventuell genauer abgeklärt werden.

Formen und Flächen

→ **Zahlenbuch:**

In diesem Themenkreis geht es darum, zeichnerische und geometrische Gesetzmässigkeiten wahrzunehmen, zu verstehen und zu reproduzieren. An Polyominos (Figuren aus Quadraten), beim Falten und Schneiden, bei Kippaufgaben, mit dem Soma-Würfel, bei Grund- und Seitenrissen sowie Stadt- und Wohnungsplänen werden geometrisches Denken und die Kombinationsfähigkeit geschult.
Die Auseinandersetzung mit dem Spiegel in den Zahlenbüchern 1 und 2 wird vertieft und in komplexeren Anwendungen weitergeführt. Symmetrien und Spiegelachse werden auch an Bildern, Fotos, Präparaten, in der Umwelt und an Alltagsgegenständen thematisiert. Auch die «Knotenschule» wird weitergeführt und es werden Begriffe (Knoten, Kreuzungen) geklärt sowie das räumliche Vorstellungsvermögen trainiert. Am Ende der vierten Klasse besteht das Repertoire aus zwölf verschiedenen Knoten.

Musikalische Aspekte: Klingende Bewegung und bewegte Klänge

Klänge in Bewegung umzusetzen oder Bewegungen durch Klänge zu steuern bedeutet lesen und interpretieren. Musizieren, Dirigieren und Tanzen sind Kommunikationsformen auf der Schwelle zwischen Klang und Bewegung. Mit auf derselben Schwelle stehen auch die Fragen der Notationsweisen, des Schreibens und Lesens von Klängen. Von diesen Übergängen vom Hörbaren zum Sichtbaren und vom Vergänglichen zum Überdauernden handeln die drei Impulse in diesem Themenkreis.
Die Roboter in Impuls 3 flechten auf dem Spielfeld ein unsichtbares Netz aus Geraden und rechten Winkeln, während die sie bedienenden Spieler freie Wege gehen. Die Musik ist hier sozusagen der Motor des Spiels und ihr Puls ist entscheidend für das Tempo.
Bei der Bleistiftmusik (Impuls 1) wird das Schreibzeug zum Musikinstrument. Die bei solchem «Musizieren» entstehenden Linien sind das Nebenprodukt des Klanges (genau umgekehrt als gewöhnlich, wo der Klang des Schreibzeugs das Nebenprodukt des Schreibens ist). Natürlich lässt sich aus dem entstandenen Nebenprodukt auch der Rhythmus wieder lesen. Der Klang ist flüchtig, seine Spur auf der Wandtafel oder auf dem Papier bleibt; eigentlich eine Art Tonaufzeichnungstechnik – ein Vorläufer heutiger Tonaufnahmegeräte.
Bei Impuls 2 werden die möglichen Kipprichtungen eines Quaders vier unterschiedlichen Tonhöhen zugeordnet. Dies ermöglicht zwei unterschiedliche Diktatformen:
a) Die Kippbewegungen des Quaders werden mit Klängen gesteuert,
b) der Kippweg des Quaders steuert die Klänge.
Akustische (a) oder visuelle (b) Zeichen werden gelesen und in akustische (b) oder visuelle (a) Aktionen umgesetzt. Bewegung wird zu Klang oder Klang zu Bewegung.

Lehren und Lernen

- *Wahrnehmung: Es wird eine Verknüpfung verschiedener Wahrnehmungskanäle (optisch, akustisch und motorisch) angestrebt. Die Musik unterstützt den Wahrnehmungs- und Differenzierungsprozess in dem Sinne, dass die Kinder die Formen nicht nur visuell, sondern auch auditiv und in ihrem Bewegungsablauf differenzieren können.*
- *Kreativität: Im Schnittbereich unterschiedlicher Zeichensysteme liegt ein grosses Potenzial für ungewohnte und die Kreativität anregende Sichtweisen. Flüchtige und überdauernde Ausdrucksformen haben ihre eigenen Qualitäten. Die Übertragung in jeweils andere Darstellungsformen erfordert Kreativität und Sachkenntnis.*
- *Teamverhalten: Die Lernsituationen sind so arrangiert, dass vor allem auch Kompetenzen im sozialen Bereich gefordert sind und geübt werden können (Zusammenspiel, aufeinander hören, aufeinander eingehen, den andern etwas vorgeben, die andern führen usw.).*

Impuls 1: Bleistiftmusik

→ **CD**

→ **Zahlenbuch:**
4: 20

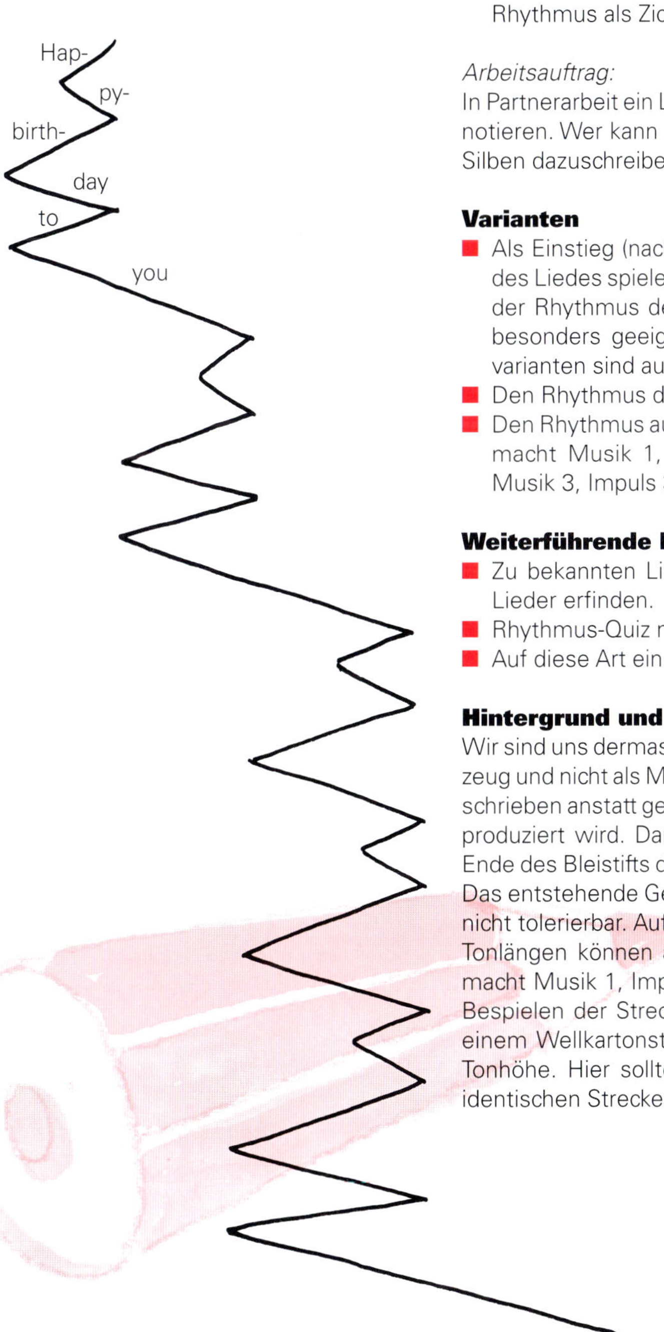

Material

- A3-Papier, weicher Bleistift oder Kohlestift
- CD (Track 54): Wer erkennt das Lied?

Handlungsvorschlag

Auf jedem Schülerpult ist ein A3-Papier mit Klebeband fixiert. Zur Vorbereitung an der Wandtafel verdeckt und ohne abzusetzen Zickzacklinien zeichnen (siehe Abbildung). Wer erkennt die Figur? Wer kann eine Figur nach Gehör nachzeichnen?

1 Gemeinsam ein bekanntes Lied singen, dann ohne Text mit verschiedenen Silben und Vokalen singen und auch summen. Anschliessend nur noch den Rhythmus des Liedes (mit f, s, sch oder Luft durch die Nase blasen) erklingen lassen.

2 Der Bleistift macht beim Schreiben auf dem Papier ein ähnliches Geräusch. Die Kinder schliessen die Augen und spielen den gehörten Rhythmus als Zickzack-Linie mit dem Bleistift auf ihr Blatt.

Arbeitsauftrag:
In Partnerarbeit ein Lied aus dem Klassenrepertoire in dieser Schreibweise notieren. Wer kann das Lied nachspielen? Wer erkennt es? Wer kann die Silben dazuschreiben?

Varianten

- Als Einstieg (nach Schritt 1) die Kinder mit dem Bleistift im Rhythmus des Liedes spielen lassen. Die Linienverläufe analysieren: Wie zeigt sich der Rhythmus des Liedes auf dem Papier? Welche Spielweisen sind besonders geeignet, um das Lied wiederzuerkennen? (▶ Notationsvarianten sind auf der Website www.mamu.ch zu finden.)
- Den Rhythmus der CD (Track 54) nachspielen. Wer erkennt das Lied?
- Den Rhythmus auf einem Wellkartonstreifen spielen (siehe auch Mathe macht Musik 1, Impuls 3/3 «Töne vom Karton» und Mathe macht Musik 3, Impuls 3/3 «Scratch-Music»).

Weiterführende Möglichkeiten

- Zu bekannten Liedern Endlosfiguren erfinden oder zu Endlosfiguren Lieder erfinden.
- Rhythmus-Quiz mit den Liedern des Klassenrepertoires.
- Auf diese Art ein neues Lied einführen.

Hintergrund und Informationen

Wir sind uns dermassen gewohnt, den Bleistift oder die Kreide als Schreibzeug und nicht als Musikinstrument zu verwenden, dass immer wieder geschrieben anstatt gespielt wird. Es ist darauf zu achten, dass wirklich Klang produziert wird. Darum zuerst mit einem Finger oder mit dem anderen Ende des Bleistifts den Rhythmus als Zickzack-Linie auf das Papier spielen. Das entstehende Geräusch ist sehr leise. Deshalb sind andere Geräusche nicht tolerierbar. Auf Kinder mit Hörschwächen achten.
Tonlängen können als Strecken angegeben werden (siehe auch Mathe macht Musik 1, Impuls 2/3 «Flohspiel»). Dabei ist es wichtig, dass beim Bespielen der Strecken das Spieltempo konstant bleibt. Beim Spiel auf einem Wellkartonstreifen verursacht eine Tempoänderung eine andere Tonhöhe. Hier sollte das genaue Imitieren des gehörten Rhythmus zu identischen Strecken führen.

Impuls 2: Quader kippen

→ **CD**

→ **Zahlenbuch:**
3: 85

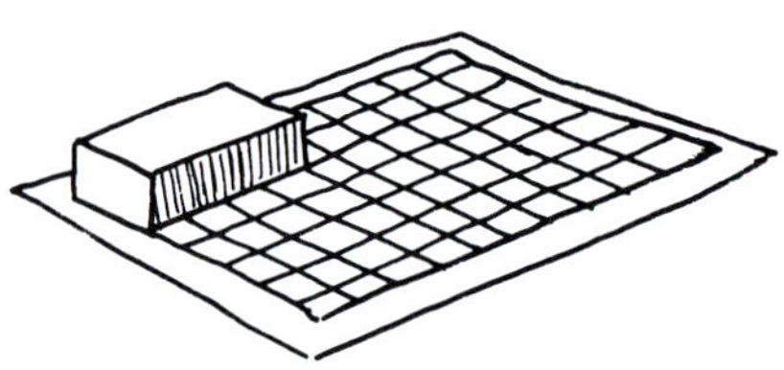

Material

- Kopiervorlage: Gitter (als Spielfeld), S. 80
- Kopiervorlage: Quader, S. 81 (Abwicklung als Bastelvorlage, auch als Beilage zum Zahlenbuch erhältlich)
- Kopiervorlage: Kippwege, S. 81
- Klangstäbe oder Boomwhacker (▶ Instrumente)
- CD (Track 55–58): Kippwege

Handlungsvorschlag

Vorarbeit:
Die Abwicklung des Quaders (siehe Kopiervorlage) auf starkes Papier kopieren, ausschneiden, falten und kleben.

1. Den Quader auf das Spielfeld (Kopiervorlage) legen und durch Kippen verschieben. Wege verbal diktieren (zum Beispiel: nach vorn, nach rechts, nach rechts) und die Lösungen kontrollieren.
2. Den vier Richtungen vier unterschiedliche Klänge zuordnen. Wiederum Wege diktieren und die Lösungen kontrollieren. Dabei auf Diktiervariante (siehe Hintergrund und Informationen) und auf das Tempo achten.

Gestaltungsaufgabe:
In Partnerarbeit interessante Kippfolgen ausprobieren und die damit verbundenen Klangfolgen notieren. Die Tonfolge vorspielen und von der Klasse nachsingen lassen. Anschliessend kippen alle im Stillen den Quader entsprechend der Tonfolge. Endpositionen vergleichen. Abweichungen besprechen und die Fehlerquellen suchen.

Problemstellung:
Auf der CD (Track 55–58) sind vier Tonfolgen zu hören. Jeder Ton bedeutet eine Richtung, jede Tonfolge gehört zu einem Kippweg auf der Kopiervorlage. Die Tonfolgen mehrmals anhören, nachsingen und anschliessend ausprobieren. Wie sind die Töne den Richtungen zugeordnet?

Varianten

- Verschiedene Wege von einer Start- zu einer Zielposition suchen und die entstehenden Tonfolgen vorspielen. Verschiedene Wege vergleichen.
- Kipppläne zeichnen und durch andere Kinder musikalisch umsetzen lassen.

Weiterführende Möglichkeiten

- Den Quader oben links auf das Spielfeld legen. Wer findet den längsten/den kürzesten Weg aus dem Spielfeld hinaus, wenn nur nach vorn und nach rechts gekippt werden darf? Die Lösungen mit Tönen vorspielen und von der Klasse den Weg nachkippen lassen.
- Mit einem vorgegebenen Weg und der damit gefundenen Klangfolge spielen: rhythmisieren des Ablaufs und einbauen von Vor- und Rückwärtssequenzen.
- Mehrere Kippwege mit ausgewählten Tönen mehrstimmig spielen.
- Seitenansichten von Quaderlandschaften (siehe Zahlenbuch 4, Seite 80–81) vertonen, siehe www.mamu.ch.

Hintergrund und Informationen

Bei den Richtungsangaben ist darauf zu achten, dass alle die gleiche Blickrichtung haben.
Das Diktiertempo kann variiert werden und auch mit dem Rhythmus von Anweisung und Ausführung lässt sich der Schwierigkeitsgrad steuern: «rhythmisches Vorsprechen – wiederholen durch die Klasse – ausführen» als schrittweises oder integrales Vorgehen.

Impuls 3: Roboter

→ **CD**

→ **Zahlenbuch:**
4: 80–81

Material

- Handtrommel (kann auch durch Klatschen ersetzt werden)
- eventuell farbige Spielbänder
- CD (Track 59): Roboterlied

Handlungsvorschlag

Vorübungen (Aufwärmen):

Alle gehen zum ▶Puls der Handtrommel in unterschiedlichen Gangarten:
- auf der Umzugsbahn
- freie Wege (ohne Zusammenstösse!)
- nur gerade Linien, Richtungswechsel sind jederzeit möglich
- nur mit 90°-Richtungswechseln

Übungen variieren mit unterschiedlichen Tempi, mit abrupten und langsamen Tempoveränderungen.

Spiel:

Gemeinsam die Spielfeldgrenzen definieren und Dreiergruppen bilden: Zwei sind die «Bälle», einer ist der Spieler. Die Bälle rollen nur in geraden Linien. Bei einer Tipp-Berührung durch den Spieler auf die linke Schulter erfolgt eine 90°-Drehung nach links (rechts entsprechend). Das Tempo der Bälle (das heisst, die Frequenz der Schritte) wird durch die Handtrommel bestimmt. Kommt es zu einer Berührung mit einem anderen Ball oder mit der Spielfeldgrenze, geht die Luft aus dem Ball (zusammensacken an Ort). Berührt ein Spieler einen fremden Ball, ist er disqualifiziert. Die lahm gelegten Bälle können versuchen – ohne ihren Platz zu verlassen – durch Berührung andere Spieler auszuschalten. Gewonnen hat der Spieler mit dem letzten Ball im Spiel.

Varianten

- Verlorene Bälle bleiben an Ort stehen und beginnen im doppelten Puls zu hüpfen oder mit Roboterbewegungen zu tanzen.
- Anzahl Bälle pro Spieler erhöhen.
- Zum Spielen das Roboterlied singen (CD Track 59).
- Musik mit starkem ▶Beat ab CD (z.B. Track 59) anstelle der Handtrommel benutzen.

Weiterführende Möglichkeiten

- Weitere Regeln erfinden und ausprobieren.
- Ein Bild aus verschiedenfarbigen Roboterspuren konstruieren (rechte Winkel, gerade Linien).

Hintergrund und Informationen

In diesem Spiel wird zugleich zu Übersicht und Taktik das Pulsgefühl trainiert. Mit der Handtrommel hat die Spielleiterin oder der Spielleiter den Schalter in der Hand: Das Spiel kann so jederzeit beschleunigt oder verlangsamt werden.

Hinweise zum Lied:

- Bewegung im Raum, umsetzen des Textes in entsprechende Aktionen
- Steif «wie ein Roboter» bewegen, Knie durchstrecken, eckige Armbewegung
- 2 Roboter können zusammentreffen und die Aktionen zu zweit durchführen
- Der Gesang sollte sehr «monoton, steril und maschinenhaft» klingen
- Ein überraschendes Ende vorbereiten
- Weitere Strophen erfinden

Roboter

2. ... Roboter kann rückwarts geh'n ...
3. ... Roboter kann seitlich geh'n ...
4. ... Roboter sagt «Guten Tag», ...

Text und Musik: Bernd Meyerholz
Rechte beim Autor

Quelle:
Sing&Swing, Helbling Innsbruck

Zeit und Timing

→ **Zahlenbuch:**

Das Grundwissen wird in verschiedenen Anwendungen gefestigt und vertieft. Unter anderem werden Zeitpunkte dargestellt, Zeitpläne gelesen und Zeitspannen berechnet. Die Kinder sollen nicht nur die formale Zeiteinteilung (Jahr, Monat, Tag, Stunde, Minute, Sekunde) vertieft kennen lernen, sondern gleichzeitig ein Gespür für die Zeit entwickeln und an Beispielen (Puls) die Bedeutung der Zeit erfahren.

Musikalische Aspekte: Zeitpunkt und Zeitgefühl

Bei der Arbeit mit Klang und Bewegung spielen das Zeitgefühl und der exakte Zeitpunkt eine zentrale Rolle. Die kleinste zeitliche Verschiebung eines einzelnen Tones beeinflusst den Ausdruck der Musik und das Erlebnis des Zuhörers ganz entscheidend. Gleichzeitig kann durch Musik die Zeitwahrnehmung manipuliert werden.
Wie stark der Zeitpunkt einzelner Töne oder das Tempo einer Melodie die Wahrnehmung beeinflussen, zeigt Steve Reichs Komposition «Piano Phase» im Impuls 2. Exaktes Timing ist im Impuls 5 mit Experimenten zur Gamelan-Musik gefragt. Es dient zugleich als Aufhänger für einen Wettbewerb, bei dem es um Sekundenbruchteile geht.
Impuls 3 widmet sich einem Experiment zum Zeitgespür. Wie wird das subjektive Gefühl für Zeit durch unterschiedliche Musik beeinflusst? Welche Möglichkeiten gibt es, um beim Lesen und Schreiben die Zeitwahrnehmung des Lesers oder der Zuhörerin zu lenken?
Bei der Bahnstreckenmusik (Impuls 1) und den Vogelstimmen (Impuls 4) werden der Zeitpunkt und die Zeitdauer von Ereignissen analysiert, dargestellt und berechnet. Während in der Musik normalerweise der Verlauf der Töne kaum in Sekunden und Minuten angegeben wird, so spielt die Zeitachse der Ereignisse in szenischen Umsetzungen oder beim Vertonen einer Diashow, eines Videos oder eines Hörspiels eine zentrale Rolle.

Lehren und Lernen

- *Wahrnehmung: Die individuelle Wahrnehmung von Zeit ist von verschiedenen Faktoren abhängig und entspricht oft überhaupt nicht der formal gemessenen Zeit. Die mathematisch «exakte» Zeit läuft so gesehen in Bezug auf die individuell erlebte Zeit ziemlich unregelmässig.*
- *Kreativität: Gehörtes bildnerisch umzusetzen (Impulse 2 und 3) ist mit grossen kreativen Leistungen verbunden, da die Möglichkeit des fotografischen Abbildens wegfällt. Gefühle und Prozesse sind zeitgebundene Phänomene. Die gestalterische Lösung ist ein statisches Produkt. Ziel ist es, eigene Darstellungsformen zu finden, an individuellen Bildern und Ideen weiterzuarbeiten und sich so der «Wahrheit» anzunähern.*
- *Selbstvertrauen: Selbstvertrauen wird durch Sicherheit aufgebaut, und gleichzeitig beeinflusst die Selbstsicherheit die messbare Leistung. Dieser komplexe Prozess ist gut zu beobachten, wenn neues, klar abgegrenztes Wissen aufgebaut wird. Das Kennen- und Unterscheidenlernen von Vogelstimmen (Impuls 4) ist eine entsprechende Übung.*
  Selbstvertrauen ist aber auch beim Reaktionsspiel in Impuls 5 gefragt. Wer anführt, muss genau wissen, wo die Melodie langgeht, wer verfolgt, muss blind vertrauen und reagieren. Beide Spieler sind stark voneinander abhängig und trotzdem ist Rücksichtnahme ein schlechtes Konzept.

Impuls 1: Bahnstreckenmusik

→ **CD**

→ **Zahlenbuch:**
4: 5, 88

Material

- Kopiervorlage: Bahnkilometer, S. 82
- CD (Track 60): Bahnstreckenmusik
- ▶ Metronom
- Tonträger mit Musikstücken verschiedenster Gattungen
- Aufnahme- und Abspielgeräte mit Kopfhörer

Lektionsskizze

1. Auf der Kopiervorlage alle Streckenabschnitte suchen, die zwischen 55 und 60 km lang sind. Die abgebildeten Strecken mit dem Lineal nachmessen und vergleichen (Abbildung). Warum gibt es so grosse Unterschiede? (Streckenverlauf in der Realität mit Kurven)
2. In der ganzen Klasse den ersten Abschnitt von der CD (Track 60) anhören und im Nachhinein die Länge dieser Musik schätzen. Ohne Blick auf die Uhr die Musik nochmals anhören und die Schätzungen korrigieren; anschliessend die Zeit nachmessen und mit den Schätzungen vergleichen.
3. Wenn ein Zug pro Sekunde einen Kilometer zurücklegen würde, wäre er sehr schnell. Wie viele Kilometer würde er in einer Minute, in einer Stunde fahren?

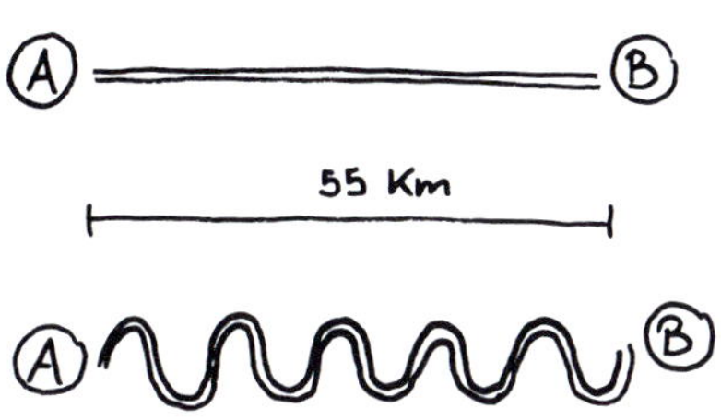

Experiment:

1. Auf der CD (Track 60) ist eine ganze Bahnreise zu hören. Der erste Streckenabschnitt dauert 11 Sekunden. Pro Sekunde legt dieser Musikzug einen Kilometer zurück. Wer findet die Reiseroute heraus? Zuhören, Zeiten schätzen und auf dem Arbeitsblatt mögliche Stationen notieren.
2. Anschliessend die Vermutungen vergleichen und mit dem Metronom (Tempo 60) nachmessen.

Gestaltungsaufgabe:

In Gruppen eine Reiseroute festlegen und mit unterschiedlicher Musik die virtuelle Bahnfahrt auf ein Tonband aufnehmen. Ein Signet für die Haltestellen einbauen. Der Klasse die Schweizerreise vorspielen. Wer findet die Route?

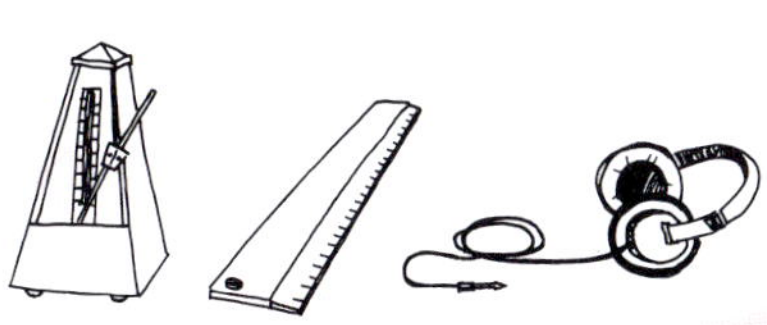

Varianten

- Die Zeiten pro Streckenabschnitt mit einer Stoppuhr messen.
- Die Bahnstreckenmusik selbst singen oder spielen. Ein Gruppenmitglied mit Stoppuhr und Regieplan kontrolliert die Fahrt und unterbricht die Musik zum festgelegten Zeitpunkt.

Weiterführende Möglichkeiten

- Strecken des Quartierplanes, von Strassenkarten oder von der SBB-Netzkarte vertonen.
- Singend eine Wegstrecke abmarschieren. Wie weit gelangen wir mit der ersten Strophe? Nach wie vielen Wiederholungen haben wir einen Kilometer zurückgelegt? Wie beeinflussen Marschtempo oder unterschiedliche Geländeformen die zurückgelegten Streckenabschnitte?

Hintergrund und Informationen

Es ist erstaunlich, wie rasch viele Kinder ein verlässliches Zeitgefühl entwickeln.

Diese Aufgabe löst eine Auseinandersetzung zum Thema Massstab und Verhältnisse aus. Zeitlupe und Zeitraffer sind Techniken, die aus Sport und Naturwissenschaft am Fernseher bekannt sind. Auch akustisch ermöglicht die Verwendung eines anderen Massstabs neue Ansichten des Gegenstandes. Ein bekanntes Lied lässt sich auch sehr langsam oder sehr schnell singen. Das macht den Kindern Spass.

Die Aussprache der Städtenamen der Westschweiz muss eventuell geübt werden.

Impuls 2: Musikvelo

→ **CD**

Material

- CD (Track 61): Steve Reich «Piano Phase» mit Gertrud Schneider

Handlungsvorschlag

1 Alle Kinder sitzen verkehrt auf ihrem Stuhl, so dass sie sich mit den Händen an der Rückenlehne festhalten können.
2 Gemeinsam Track 61 der CD anhören, Dauer 4′50″.
3 Klassengespräch: Was fällt beim Hören auf? Wie ist das gemacht? Wo gibt es das sonst noch? Kann man das auch selber machen? Wie könnte dieses Phänomen heissen? Wie lässt sich so etwas aufschreiben? Ist das überhaupt Musik?
Eventuell Ausschnitte nochmals anhören.

Gestaltungsaufgabe:
1 Die Schülerinnen und Schüler überlegen alleine oder mit anderen, wie sich das Phänomen der Phasenverschiebung auf einem Blatt Papier darstellen lässt. Unterschiedliche Wege werden besprochen, Skizzen ausgetauscht usw.
2 Jede Schülerin und jeder Schüler entscheidet sich für eine Umsetzung und produziert eine Lösung.
3 Lösungen austauschen und vergleichen. Für den breiteren Austausch steht die Website www.mamu.ch zur Verfügung. Dort ist auch ein Ausschnitt aus Steve Reichs ▶Notation zu finden.

Variante

- Ausgehend von den Originalnoten die Musik verfolgen.

Weiterführende Möglichkeiten

- Klangmaschinen, die eine Phasenverschiebung erzeugen, erfinden und bauen. Ideen auf www.mamu.ch austauschen und diskutieren.
- Selbst mit Klang oder Bewegung Phasenverschiebungen erzeugen (siehe dazu auch Mathe macht Musik 3, Impuls 7/5 «Hotaru Koi»)

Hintergrund und Informationen

Steve Reich wurde am 3. Oktober 1936 in New York geboren. Seine Kompositionen bestehen aus einfachen musikalischen Gebilden, die permanent über längere Zeit hinweg wiederholt und langsam verändert werden. Reich ist ein Vertreter der ▶Minimal Music.
Anhand des Werkes «Piano Phase» aus dem Jahr 1967 lassen sich die Grundprinzipien der Minimal Music gut veranschaulichen: Minimal Music arbeitet mit sehr kurzen musikalischen ▶«Pattern», mit der «Phasenverschiebung» dieser Pattern und der Entstehung so genannter «resulting patterns» – neuen rhythmisch-melodischen Höreindrücken durch Tonverdoppelungen, die von einer weiteren Stimme wie beispielsweise bei «Drumming» noch zusätzlich verstärkt werden können.

Piano Phase
Steve Reich

Jeder Takt soll approximativ wiederholt werden entsprechend der angegebenen Anzahl.

Impuls 3: Zeit

→ CD

Material

- CD (Track 62): Der Hummelflug, N.A. Rimsky-Korsakov (Ausschnitt)
- CD (Track 63): Adagio for Strings, S. Barber (Ausschnitt)
- CD (Track 64): Der Zauberlehrling, P. Dukas (Ausschnitt)
- Stoppuhr
- Kopiervorlage: «Schnelle» und «langsame» Texte, S. 83

Handlungsvorschlag

1. In der Klasse an aufeinander folgenden Tagen je eine Musik von der CD (Track 62, 63, 64) anhören. Alle zeichnen mit Wachskreiden zu jeder Musik auf einem A4-Blatt ein Bild, notieren auf der Rückseite des Blattes die Tracknummer und einen selbst gewählten Titel für das Bild.
2. An einem weiteren Tag in der Klasse die drei Musikausschnitte CD (Track 62–64) nacheinander anhören. Je zwei Schülerinnen oder Schüler sitzen sich an einem Pult stumm gegenüber und notieren pro Musikstück gemeinsam auf einem A3-Blatt zur Musik passende Begriffe.
3. Jedes Team tauscht sich kurz aus und notiert auf jedem Blatt einen zur Musik passenden Titel und die geschätzte Dauer des Ausschnittes.

Analyse:

1. Die Begriffe zu den drei Musikausschnitten an der Wandtafel zusammentragen und sortieren.
2. Alle Bilder auslegen und gemeinsam versuchen, sie den drei Musikausschnitten zuzuordnen.
3. Aus den Zeitschätzungen die mittleren geschätzten Zeiten pro Musikausschnitt berechnen und vergleichen.
4. In einem weiteren Durchgang die drei Musikausschnitte nochmals anhören und die Dauer der Ausschnitte messen.

Diskussion:

Texte (Kopiervorlage) zum lauten Vorlesen vorbereiten lassen. Aufgrund der in der Analyse erarbeiteten Daten Fragen zur relativen Zeitwahrnehmung und zur absoluten Zeit diskutieren. Gibt es auch Texte, bei denen beim Lesen oder Hören die Zeit schneller oder langsamer vergeht? Wo liegen im geschriebenen Text Möglichkeiten zur Beeinflussung des Tempos?

Variante

- Mit anderen Musikausschnitten Analyse durchführen.

Weiterführende Möglichkeiten

- Weitere Bilder, Musikausschnitte oder auch Filmausschnitte oder Texte sammeln, bei denen beim Lesen oder Hören die Zeit schneller oder langsamer vergeht und Vergleiche anstellen.
- Bilder und Texte, eigene oder fremde, vertonen.
- Tätigkeiten notieren und vergleichen, die einen Einfluss auf die Zeitwahrnehmung haben.

Hintergrund und Informationen

Die individuelle Zeitwahrnehmung wird durch äussere und innere Faktoren beeinflusst. In der Diskussion sollen neben Begriffen wie langsam, schnell, abwechslungsreich auch persönliche Vorlieben, Kenntnisse, Neugier usw. thematisiert werden.
Das Tempo spielt in jeder Kunst eine Rolle, es zeigt sich aber unterschiedlich.

Quellen, Literatur

Amadeus 1 (1999). Oldershausen: Lugert-Verlag

Impuls 4: Vogelstimmen

→ **CD**

→ **Zahlenbuch:**
3: 62–63

Material

- CD (Track 65–75): Hörbeispiele von Vogelstimmen

Handlungsvorschlag

1. Mit der CD wird eine Vogelstimme vorgestellt. Die Kinder hören zu und beschreiben, wie der Gesang tönt. Dabei können die Stimme des Vogels (der Klang), die Form des Gesangs, die Länge der Töne, die Tonhöhe und der Melodieverlauf, die Lautstärke und die Stimmung, die der Gesang auslöst, beschrieben werden. Wer hat diesen Vogel schon gesehen? Wer kann ein Bild (Zeichnung/Foto) mitbringen?
2. Später wird ein zweiter Vogel vorgestellt und beschrieben. Nach dem genauen Zuhören und Beschreiben ist es einfach, die beiden Vogelstimmen richtig zuzuordnen.
3. Mit jedem weiteren Vogel wird es schwieriger, weil die Auswahl grösser wird und es vielleicht auch ganz ähnliche Gesänge gibt. Ähnliche Gesänge vergleichen und die Unterschiede besprechen.

Höraufgabe:
In Wirklichkeit singen die Vögel nicht einer nach dem andern. Auf der CD (Track 75) singen sie innerhalb von drei Minuten alle durcheinander. Wer kann auf einer Zeitachse den ungefähren Zeitpunkt eines einzelnen Gesangs festhalten? Dazu auf kariertem Papier die Zeit in 5-Sekunden-Abschnitte einteilen und die Zeit, während der ein Vogel singt, markieren (siehe Abbildung). Das exakte Protokoll ist auf www.mamu.ch abgelegt.

Weiterführende Möglichkeiten

- Die Vögel werden am Morgen durch die Helligkeit geweckt, jede Vogelart zu einer anderen Zeit. Bei schönem Wetter morgens um 4 Uhr eine Exkursion an einen Waldrand oder in einen Park machen und notieren, um welche Zeit welcher Vogel zum ersten Mal zu hören ist.
- Wer kann einen Vogel nachahmen? In Spielwarenläden gibt es Vogelpfeifen, mit denen bestimmte Vogelstimmen gut imitiert werden können.
- Mit den Vogelstimmen auf der beiliegenden CD und einem Aufnahmegerät lässt sich eine Rätselgeschichte als Hörspiel gestalten. Geschichten können auf www.mamu.ch veröffentlicht werden.
- Antonio Vivaldi hat die Stimmungen in seinen «Vier Jahreszeiten» mit Sonetten beschrieben. Im «Sommer» sind der Kuckuck, der Distelfink und die Turteltaube zu hören. Es gibt noch mehr Musik mit Vogelstimmen. Hinweise sind auf www.mamu.ch zu finden.

Hintergrund und Informationen

Einige Vogelstimmen sind auf der CD zu hören. Im Internet sind viele Bilder und Gesänge von Vögeln zu finden. Links dazu finden sich auf www.mamu.ch.
Im Zahlenbuch 3 werden auf Seite 39 die Gewichte verschiedener Vögel verglichen. Oft wollen die Kinder diese Vögel dann auch sehen. Dass man sie auch hören kann, ist zwar allen bekannt. Vögel aufgrund ihres Gesangs zu bestimmen ist eine Frage der Übung.

Quellen, Literatur

Die Vögel in unserem Garten (Buch, Audio-CD und Vogeluhr) (1998), Stuttgart: Franckh-Kosmos

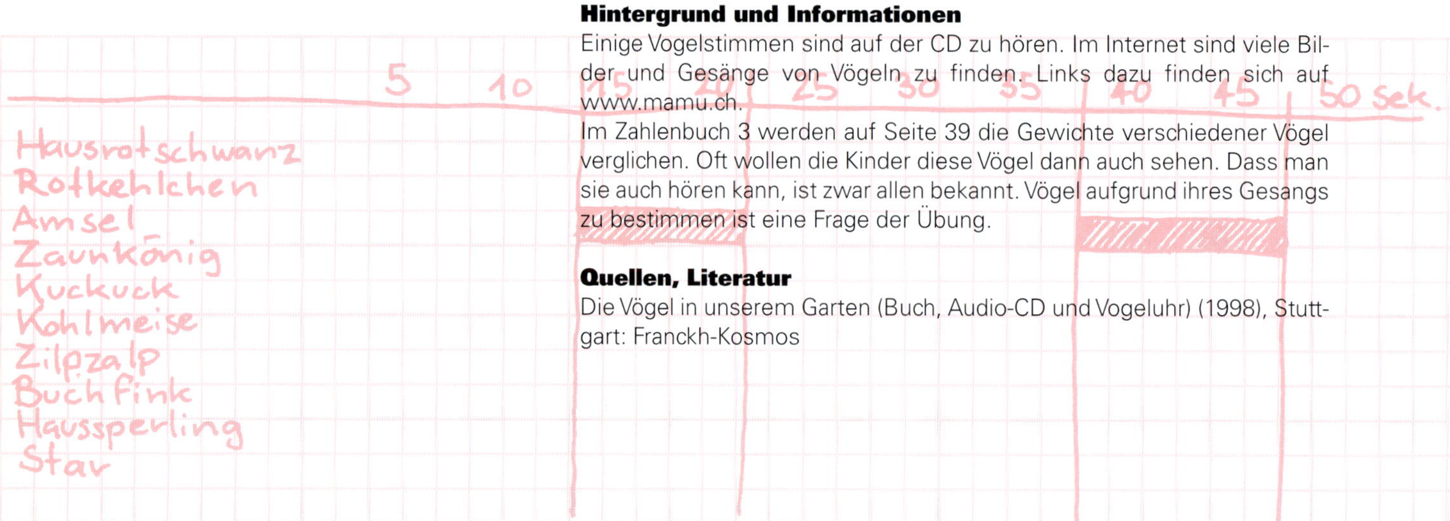

Impuls 5: Gamelan

→ **CD**

```
6 5 6 5 3 2 3 2
6 5 6 5 3 2 3 2
6 5 6 5 6 1' 6 1'
6 5 6 5 1' 6 3 2
```

Material
- CD (Track 76): Ziffernmelodie
- CD (Track 77): Angklung, Gamelanorchester
- Klangstäbe g, a, h, d, e, g' (▶ Instrumente)
- ▶ Metronom

Handlungsvorschlag

Die Töne 1, 2, 3, 5, 6 aus einer Durtonleiter und ihren Oktaven (zum Beispiel g, a, h, d, e, g') stehen bereit. Auf einem Plakat stehen vier Ziffernreihen, die sich auf die Klangstäbe beziehen.

1. Die Gamelanmelodie (CD Track 76) in der Klasse spielen (mit möglichst vielen Instrumenten gleichzeitig) und singen (als Ziffern, mit Silben) bis alle Schülerinnen und Schüler den Ablauf automatisiert haben.
2. Die Klasse in zwei Gruppen aufteilen. Gruppe 1 singt wie bisher, Gruppe 2 singt zwar dieselbe Melodie, aber um einen halben Schlag versetzt (wie ein Echo). Auch umgekehrt üben.
3. In drei Gruppen mit zwei Echos üben. Auch hier die Positionen der Gruppen tauschen.

Wettbewerb:

Das Metronom auf ein Anfangstempo (zum Beispiel 60) einstellen. Ein Mitspieler nach dem anderen versucht, wie bei der Gamelanmelodie die Gruppe 2, zum laufenden Metronom mindestens zwölf ▶ Off-Beat-Schläge zu klatschen. Dann wird das Tempo um eine Stufe erhöht. Mit dem dritten Fehlversuch scheidet man aus. Persönliche Rekorde notieren. Wer hält den Klassenrekord? Welche Tricks helfen weiter?

Varianten
- Mit anderen pentatonischen Reihen (▶ Tonmaterial) spielen.
- Mit weiteren Instrumenten spielen, zusätzliche Oktaven einbeziehen.

Weiterführende Möglichkeiten
- Aus Durtonleitern die Töne 1, 2, 3, 4, 5, 6, 1' bestimmen, die Töne bereitstellen und damit eigene Ziffernkompositionen erfinden.
- Gamelan ist ein Impuls, der in eine andere Kultur führt (CD Track 77). Auf der Website www.mamu.ch sind weitere Ideen und Links für eine ganze Projektwoche zu finden.

Hintergrund und Informationen

Gamelan ist die traditionelle Musik Indonesiens, besonders aus Java und Bali. Das Wort Gamelan stammt aus Java, ist aber heute der Begriff für ein Orchester von Schlaginstrumenten. Ein Gamelanorchester besteht hauptsächlich aus Instrumenten wie Gongs, Xylophonen, Metallophonen und Glockenspielen. Diese Instrumente werden mit hammerförmigen Holzschlägeln, einige davon mit Stoff umwickelt, gespielt. Gamelan-Musik ist eine ausgesprochene Gruppenmusik, ein gut ausgestattetes Orchester arbeitet mit mindestens 20 Spielern. Kollektive Spielfreude und vor allem Spass am differenzierten Zusammenspiel sind für diese Art des Musizierens Voraussetzung. Jeder Gamelan hat seine eigenen Tonhöhen und seine eigene Stimmung. Eine weitere Besonderheit vieler Gamelan-Stile ist die schon erwähnte Verbindung zum Tanz: Jede Bewegung, jede Geste spiegelt sich in der Musik und umgekehrt. Beide Ausdrucksformen ergeben ein Ganzes. Auf der Website www.mamu.ch sind weitere Informationen zu finden.

Die Anforderungen an die Spielenden sind je nach Position im zeitlichen Ablauf sehr unterschiedlich. Wer anführt, muss genau wissen, wo die Melodie lang geht, wer verfolgt wird, muss blind vertrauen und reagieren. Beide Spielenden sind stark voneinander abhängig, und trotzdem ist Rücksichtnahme ein schlechtes Konzept.

Reihen

→ **Zahlenbuch:**

3: Das kleine Einmaleins 4–5, 10–11
Das grosse Einmaleins 50–55, 70–74, 82
4: Zahlenfolgen 21

1: Das kleine Einmaleins 32–33, 74–77
2: Das kleine Einmaleins 52–55, 58–63, 78–81, 86–89
Zahlenfolgen 91–93
6: Reihenzahlen – Quadratzahlen – Primzahlen 28–29
Teiler und Vielfache 30–31
Siehe das Kapitel «Folgen-Kurs» in den Begleitbänden zu den Zahlenbüchern 4–6.

Zahlenfolgen und Reihen sind ein ergiebiges Thema für aktiv-entdeckendes Lernen und produktives Üben. Arithmetische Gesetzmässigkeiten und Muster zu entdecken und zu beschreiben ist ein wichtiges Lernziel des elementaren Mathematikunterrichtes. Beim Thema «Reihen» geht es darum, Regeln vorgegebener Folgen zu knacken und selbst Folgen nach eigenen Regeln zu konstruieren. Dabei wird auf bereits bekannten Zahlenfolgen (natürliche Zahlen, gerade Zahlen, Einmaleins usw.) aufgebaut und das grosse Einmaleins sowie weitere Folgen (Quadratzahlen, arithmetische und geometrische Folgen, Fibonacci-Zahlen usw.) werden erkundet. Mit diesen Aufgaben werden immer wieder die Einmaleinsreihen repetiert und es wird intensiv Kopfrechnen trainiert.
Die Begleitbände zu den Zahlenbüchern 4–6 bieten im Kapitel «Folgen-Kurs» verschiedene Zahlenfolgen, Tabellen und geometrische Muster.

Musikalische Aspekte: Metren, Taktarten – klingende und bewegte Reihen

Der regelmässige Puls oder Grundschlag in der Musik wird meist durch Akzentuierungen strukturiert. Erscheinen diese Auszeichnungen oder Betonungen regelmässig, spricht man von einem Metrum.
Betonungen können musikalisch zum Beispiel durch unterschiedliche Lautstärke, eine andere Tonhöhe, einen zusätzlichen Basston oder einen bestimmten Perkussionsklang erfolgen. In einer Bewegungsfolge ist vielleicht ein grösserer Schritt oder eine auffällige Bewegung, in der visuellen Gestaltung ein breiterer Strich oder eine spezielle Form oder Farbe das strukturierende Element. Akustische oder visuelle Metren und repetitive Abläufe erscheinen in Liedern und Bewegungsspielen. Da sie im Spiel oft wiederholt und variiert werden, haben sie beim Lernen und Erleben der Kinder eine wichtige Bedeutung. Alle fünf Impulse nutzen diese Qualitäten in unterschiedlicher Ausprägung.
Im ersten Impuls geht es um Reihenstrukturen im Hunderterfeld und daraus entstehende Partituren. Die Impulse 2, 3 und 4 spielen mit Reihenzahlen und der Herausforderung, wenn diese mit Aktionen ersetzt werden. Daraus ergeben sich Übungsanlagen, die zu versteckten Strukturen und cleveren Hilfskonstruktionen führen. Im Impuls 5 wird die wohl verbreitetste und aus musikalischer Sicht nicht ganz zu unrecht auch umstrittene Form des «Lernens mit Musik» vorgestellt und weitergeführt: das Unterlegen von Formeln, Merksätzen und Reihen mit Melodien. Die Effizienz und Nachhaltigkeit dieses Lernens ist erstaunlich – Melodien und Texte bleiben bis ins hohe Alter abrufbar.

Voraussetzungen

Alle Pulsspiele setzen die Fähigkeit, gemeinsam einen Puls zu halten, voraus. Durch die Überlagerung des Metrums mit weiteren Ereignissen und Akzenten entstehen zusätzliche Herausforderungen. Bewegungen helfen schwächeren Schülerinnen und Schülern das Metrum zu halten. Tandems und Gruppen ermöglichen differenzierende Arbeitsformen.

Lehren und Lernen

- *Konzentration: Die Anforderung, zum einen selbst etwas zu produzieren und gleichzeitig auch wahrzunehmen, was andere produzieren, stellt hohe Ansprüche an die Konzentration. Diese Form der Auseinandersetzung mit Mehrstimmigkeit ist auch für die musikalische Arbeit höchst bedeutsam.*
- *Teamverhalten: Bei der Arbeit in Gruppen wird immer wieder deutlich, dass nicht jede Aufgabe und nicht jede Position im Ablauf dieselben Schwierigkeiten bietet. Dabei müssen die eigenen Ressourcen richtig eingeschätzt werden. Andererseits muss auch etwas gewagt und vor allem offen kommuniziert werden.*
- *Kreativität: Sei es bei der Suche nach effizienten Strategien für die rasche und sichere Orientierung, sei es beim Verknüpfen von Melodien mit Sachtexten oder beim Instrumentieren von Klangfolgen – sinnvolle, schöne, einfache oder provozierende Lösungen verlangen zwingend nach kreativen Köpfen.*

Impuls 1: Reihen

→ **CD**

→ **Zahlenbuch:**
3: 4–5

1. Zeile: schnipp rechts	1	2	3	4	5	6	7	8	9	10
2. Zeile: stampf rechts	11	12	13	14	15	16	17	18	19	20
3. Zeile: schnipp links	21	22	23	24	25	26	27	28	29	30
4. Zeile: stampf links	31	32	33	34	35	36	37	38	39	40

Material

- CD (Track 78–80): Reihenpartituren
- Kopiervorlage: Tausenderbuch S. 75
- Wendeplättchen (Materialien zum Zahlenbuch oder selbst hergestellt)

Handlungsvorschlag

1. Die Schülerinnen und Schüler notieren die Zahlen der Dreierreihe auf dem Hunderterfeld und decken sie mit roten Wendeplättchen ab. Es entsteht ein Muster mit schrägen Linien.
2. Das Plättchenmuster kann in Klang umgesetzt werden. Es gibt verschiedene Möglichkeiten: zählen und die verdeckte Zahl betonen, sie mit Silben ersetzen oder Instrumentenklänge verwenden. In Kleingruppen eine Zeile auswählen, üben und der Klasse als Endlosmuster vorspielen. Wer erkennt die gewählte Zeile?
3. Vier aufeinander folgende Linien aus einem Hunderterfeld auswählen. Jeder Linie eine andere Bewegung zuordnen. Die vier Linien als Partitur spielen und ohne Pause wiederholen (siehe Abbildung).

Quiz:
Welche Reihe und welcher Zahlenraum ist hinter den klingenden Partituren auf der CD (Track 78–80) versteckt? Manchmal gibt es nicht nur eine richtige Lösung. Warum?

Gestaltungsaufgabe:
In Gruppen beliebige Begleitmuster aus den Hunderterfeldern instrumentieren oder in Bewegung umsetzen. Eine weitere Klangfarbe oder Tonhöhe wird einer Solostimme zugeteilt. Der Solist spielt zur selbst gefundenen Begleitung eine ausgewählte Reihe, zum Beispiel 4, 8, 12, 16, 20, 24 usw. Die Klasse versucht die Komposition mit blauen (für die Begleitung) und roten Plättchen (für die Solostimme) zu legen. Wer findet die Lösung?

Varianten

- Alle Schülerinnen und Schüler wählen eine Linie aus einem Hunderterfeld und zählen leise. Wenn jeweils ein Wendeplättchen angetroffen wird, wird dieses mit Klatschen betont. Wer hat dieselbe Linie gespielt?
- Anstelle des Hunderterfeldes einen Weg aus 100 Feldern auf dem Pausenplatz oder auf einem Plattenboden aufzeichnen und gehend bespielen.
- Mit ▶ Kanonformen experimentieren.

Weiterführende Möglichkeiten

- Mit roten und blauen Plättchen zwei verschiedene Reihen in einem Hunderterfeld legen. Einige Zahlen brauchen zwei Plättchen. Welche Zahlen sind das? Wer kann solche Reihenkombinationen spielen? Wer kann sie hörend erkennen?
- Siehe Mathe macht Musik 3, Impuls 11/3 «Reihen raten» oder 11/2 «Primzahlenmuster».

Hintergrund und Informationen

Achtung! Bei der Dreierreihe ist die exakte Ausführung des Überganges vom Ende zum Anfang des Musters schwierig. Genau diese Stelle ist jedoch entscheidend für die Zuordnung der Partitur zu einem Ausschnitt des Hunderterfeldes.
Sicherheit im Umgang mit dem 1 x 1 wird vor allem durch gute strukturelle Kenntnisse aufgebaut. Dieser Impuls zeigt Bezüge innerhalb der einzelnen Reihen und zu anderen Reihen auf. Durch das musikalische Umsetzen müssen die Bezüge nicht nur gesehen, sondern hörend nachvollzogen und handelnd dargestellt werden.
Musikalisch eröffnet sich durch diese Experimente ein guter Zugang zum Verständnis von ▶ Minimal Music.

Impuls 2: Bösi

→ **Zahlenbuch:**
3: 4–5

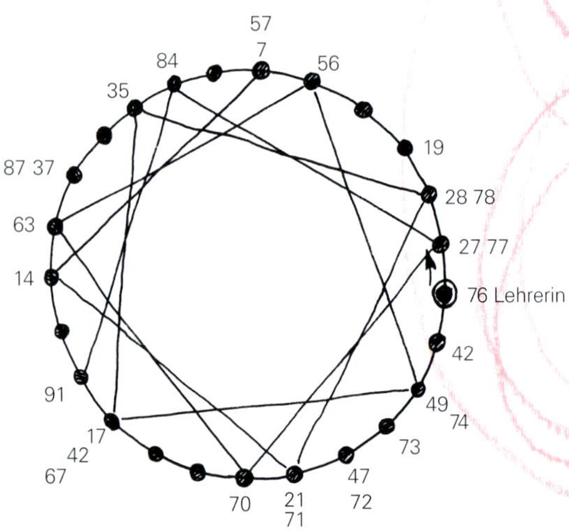

Handlungsvorschlag

1 Die ganze Klasse spielt im Kreis «Bösi» (Böse Sieben): In einem gemächlichen Tempo klatschen dazu alle gemeinsam abwechselnd in die Hände und auf die Knie. Zu jedem Patschen auf die Knie wird im Kreis fortlaufend gezählt. Ein Kind nach dem andern ruft die nächste Zahl. Anstelle der Siebenerzahlen (Siebenerreihe) und der Zahlen, welche die Ziffer 7 enthalten, wird «Bösi» gerufen.

2 An der Wandtafel werden in einem Kreis mit einem Punkt pro Mitspieler die Positionen der Siebenerzahlen eingetragen (Abbildung).

Aufgabe:
In unterschiedlich grossen Gruppen wird im Spiel untersucht, wie sich die Zahlen der Siebenerreihe im entsprechenden Kreis abbilden. Anschliessend die Lösung für die eigene Gruppe zeichnen. Wer erkennt die Regel (Systematik) beim Spielen, wem wird sie zeichnerisch klar? Wo stecken die «bösen» Siebnerzahlen?

Problemstellung:
Auf einer Kreislinie werden die Ziffern 0–9 regelmässig verteilt notiert. Ausgehend von null werden mit einer endlosen Linie die Endziffern der jeweiligen Reihe verbunden (Hintergrundbild). Welche Figuren entstehen? Wer findet Erklärungen für unterschiedliche und für identische Figuren? Auf der Website www.mamu.ch sind Lösungen und Begründungen zu finden.

Varianten

- Mit anderen Reihen experimentieren.
- Ohne Sprechen der Zahlen spielen. Dabei soll für die Reihenzahlen ein besonderes Signal gewählt werden, zum Beispiel bei den Zahlen 1 bis 6 schnippen, bei der 7 aufstehen, patschen usw.

Weiterführende Möglichkeiten

- Die Ziffern 0 bis 9 in unterschiedlichen Anordnungen darstellen.
- Beim Experimentieren und beim Ausfüllen des Arbeitsblattes tauchen weitere spannende Fragen auf. Diese können auf www.mamu.ch ausgetauscht und diskutiert werden.
- Siehe auch Impuls 11/3 «Ping-Pong».

Hintergrund und Informationen

Beim Spiel werden die Zahlen der Reihe weggelassen und durch ein Fantasiewort ersetzt («Bösi» = böse Sieben). Gleichzeitig sollen diese Positionen in ihrer Systematik analysiert werden. Dadurch ergibt sich ein breiter Spielraum möglicher Herausforderungen für die Kinder: vom einfachen Mitzählen über das Entdecken von Strukturen bis zum Formulieren von Regeln. Reihentraining wird so gleichzeitig zum entdeckenden Lernen und damit auch für die Lehrperson faszinierend.
Die unterschiedlichen Darstellungsformen verdeutlichen die Strukturen der Reihen im Dezimalsystem (siehe dazu auch Impuls 11/1 «Reihenpartitur»).

Impuls 3: Ping-Pong

→ **Zahlenbuch:**
3: 4–5

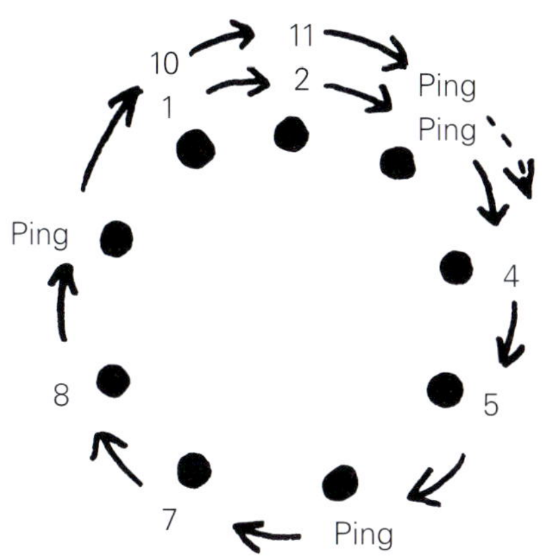

Material

- Klangstäbe oder Boomwhacker (▶ Instrumente)

Handlungsvorschlag

Vorübung:
Die ganze Klasse spielt im Kreis «Bösi» (siehe Impuls 11/2).

1. In einem gemächlichen Tempo klatschen alle gemeinsam abwechselnd in die Hände und auf die Knie. Zu jedem Patschen auf die Knie wird im Kreis fortlaufend gezählt. Ein Schüler nach dem andern ruft die nächste Zahl.
2. Für das Spiel «Ping-Pong» werden zuerst alle Dreierzahlen (3, 6, 9, 12, 15 …) mit dem Wort «Ping» ersetzt. Zum Üben können verschiedene Startpunkte gewählt, das Tempo kann angepasst oder es kann mit unterschiedlich grossen Gruppen gespielt werden.
3. Analog werden dann die Viererzahlen (4, 8, 12, 16 …) mit «Pong» ersetzt.
4. Nach einigem Üben kann versucht werden, die Dreier- und Viererzahlen gleichzeitig zu ersetzen (12, 24 … heisst dann Ping-Pong).

Spiel:
Viel Übung braucht es, wenn bei Ping und Pong jeweils ein Richtungswechsel vorgenommen wird, bei Ping-Pong (12, 24 …) die Richtung aber beibehalten wird. In Gruppen üben.

Variante

- Mit anderen Reihenkombinationen ausprobieren.

Weiterführende Möglichkeiten

- Jedes Kind erhält einen Klangstab oder ▶ Boomwhacker, so dass sich beim Spielen im Kreis eine Tonleiter ergibt. Werden nun die Töne entsprechend einer Zahlenreihe, einer Reihenkombination gespielt, entstehen unterschiedliche Muster und sich wiederholende musikalische Sequenzen. Zum Austausch von Gestaltungsvorschlägen und für eine weitergehende Auseinandersetzung dient die Website www.mamu.ch.
- Problemstellung: Bald ist zu entdecken, dass die Position des Ping-Pong (12, 24, 36 …) immer beim gleichen Kind liegt. Warum ist das so? Ist das auch bei einer veränderten Teilnehmerzahl so? Die Kinder versuchen, dieses Phänomen zu fassen, ihre Erklärungen festzuhalten und miteinander zu diskutieren (siehe Mathe macht Musik 3, Impuls 7/1 «Ping-Pong»).

Hintergrund und Informationen

Mathematisch interessant ist das Phänomen des kleinsten gemeinsamen Vielfachen (kgV). Beim Spiel mit Richtungswechseln wird bei der Position des kgV das Muster gespiegelt.
Die musikalische Realisation des Problems erfordert Konzentration, da gleichzeitig gespielt und der Prozess analysiert werden muss. Die Beteiligten sind also zugleich Mitwirkende und Zuhörende. Nicht alle Sitzpositionen im Spiel weisen denselben Schwierigkeitsgrad auf – die gruppendynamischen Abläufe müssen von der Lehrperson gut beobachtet und wenn nötig moderiert werden.

Impuls 4: Zehnerlen

Material
- Kopiervorlage: Bewegungsablauf Zehnerlen, S. 84

Handlungsvorschlag
1. Bewegungspattern (▶Pattern) vormachen, mit Zählen begleiten (Abbildung) und automatisieren.
2. Bei gleich bleibendem Bewegungsablauf werden nun immer mehr Zahlen weggelassen: m, 2, 3, 4, 5, 6, 7, 8, m, m, 3, 4, 5, 6, 7, 8, m, m, m, 4, ... Bei m, m, m, m, m, m, m, 8 angelangt, kommen die weggelassenen Zahlen in umgekehrter Reihenfolge wieder dazu.
3. Dasselbe mit 2, 4, 6, 8, 10, 12, 14, 16, dann mit 3, 6, 9, 12, 15, 18, 21, 24 usw. üben.

Wettbewerb:
Nach dem Aufbau des Spiels im Klassenverband oder in Gruppen kann der Wettbewerb in kleinen Gruppen beginnen: von der Einerreihe bis zur Zehnerreihe. Wie beim Zehnerlen versucht jede Spielerin und jeder Spieler abwechslungsweise möglichst viele Aufgaben zu erfüllen. Bei einem Fehler ist die oder der Nächste an der Reihe.

Varianten
- Als Vorübung: ausbauen zu einem ganzen Satz pro Bewegungsablauf: 2 mal 2 gibt 4, 3 mal 2 gibt 6, 4 mal 2 gibt 8.
- Grafisches Darstellen der Bewegungs- und Reihenstruktur. Welche Zahlen erscheinen wo? Eintragen auf der Kopiervorlage.

Weiterführende Möglichkeiten
- Mit anderen Bewegungsabläufen kombinieren (z.B. Ball prellen L–R).
- Mit einer Melodie kombinieren.
- Texte oder Gespräche zur Bewegung «rappen».
- Übungsstrategien entwickeln und austauschen.

Hintergrund und Informationen
Es besteht, wie bei jedem Wettbewerb die Gefahr, dass die «Guten» besser werden und die «Schlechten» nichts dazulernen. Oft verschieben sich aber bei solchen Automatisierungsübungen die Vorzeichen.
«Automatisieren ist nicht Denken» ist ein berechtigter Vorwurf. Beim Automatisieren von Reihen geht es, wie bei diesem Spiel, nur bedingt ums Denken. Angestrebt sind effiziente Strategien.
Beim Üben ist es sinnvoll, für jede Reihe eine Strategie zur raschen Neuorientierung zu entwickeln.

Impuls 5: Reihenlieder

→ CD

Material
- Kopiervorlage: Liedblatt Siebnerreihe, S. 85
- CD (Track 81): Siebnerreihe

Handlungsvorschlag
Vorübung:
Ein Lied aus dem Klassenrepertoire singen, bis alle es sicher auswendig singen können.
1. Das Lied ohne Text auf ausgewählten Silben singen. Anschliessend alle Vokale mit einem bestimmten Vokal ersetzen und es so singen. Dabei kann mit unterschiedlichen Klangfarben experimentiert werden.
2. Den Liedtext durch fortlaufendes Zählen ersetzen. Auch bei den Zahlwörtern lassen sich die Vokale ersetzen. Bei mehrsilbigen Zahlwörtern gibt es verschiedene Lösungen.

Gestaltungsaufgabe:
In kleinen Gruppen zum Lied einen «Reihentext» erfinden. Dazu wird die Melodie mit den Zahlen der ausgewählten Reihe gesungen. Damit es aufgeht, dürfen auch Füllwörter verwendet oder Zwischentexte erfunden werden.

Varianten
- Ein bestehendes Reihenlied (siehe Kopiervorlage) lernen und für andere Reihen adaptieren.
- Zu bestimmten Reihen Lieder suchen, die mit dem «Reihentext» gut aufgehen.
- Spiel mit Silben und Zahlen zur Liedeinführung nutzen.

Weiterführende Möglichkeiten
- Weitere Lerninhalte, die auswendig gelernt oder automatisiert werden sollen, musikalisch arrangieren: Monatsnamen, Deklinationsreihen, Rechtschreiberegeln, Wortarten, Wortfelder in der Fremdsprache, mathematische Formeln usw.
- Einen Liedtext mit dem immer gleich bleibenden Wort ersetzen (Beispiel: Tomatensalat). Wie oft lässt sich das Wort während des Liedes singen. Wenn die Silbenzahl nicht aufgeht und nicht «gemogelt» werden darf, wird es schwierig, da sich dann die Betonungen innerhalb des Wortes verschieben.
- Musik als Manipulations- und Motivationsmittel kennen lernen und ihre Funktionen in Werbung und Sportstadion beobachten und hinterfragen.

Hintergrund und Informationen
Mit Musik kann man lustvoll auswendig lernen. So genannte «Lernlieder» sind eine mögliche Anwendung. Musik wird als Vehikel benutzt, um einen wichtigen Inhalt möglichst oft und motiviert zu wiederholen und ihn so einzuprägen. Der musikalische Sinn und Gehalt steht dabei völlig im Hintergrund. Als Lerninhalt eignet sich träges Wissen: Formeln, Begriffsketten, Reihen, Regeln usw., aber auch Haltungen und Stimmungen können so gesteuert werden.
Musik ist ein sehr effizientes Manipulations- oder Motivationsinstrument (heroische Vaterlandslieder, politische Parolen, Glaubensbekenntnisse, Schlachtgesänge, Anfeuerungsrufe usw.). Bei der Verwendung im Unterricht zum Lernen von Reihen, Formeln und Merksätzen soll diese manipulative Kraft der Musik kritisch thematisiert werden.

Quellen, Literatur
Früh, Sarah (o.J.). 3 x 3 = Fidima – Lernlieder für die Unterstufe. Brittnau: Adonia

Kopiervorlagen Übersicht

Farbmusterlieder

Regenlied

Ulrike und Bernd Meyerholz

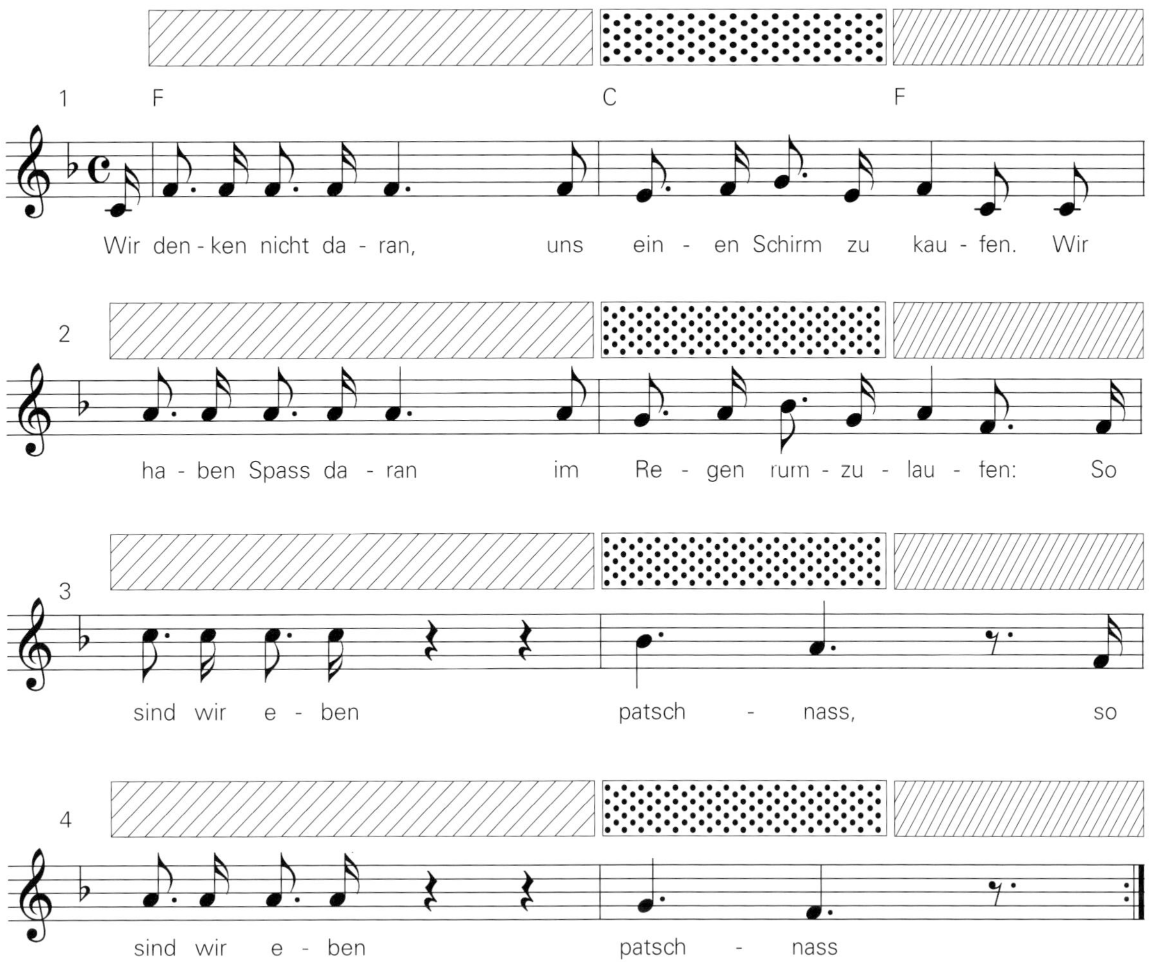

aus: B. Meyerholz / W. Hering: Kinderlieder zum Einsteigen + Abfahren
Bonn: I. Voggenreiter

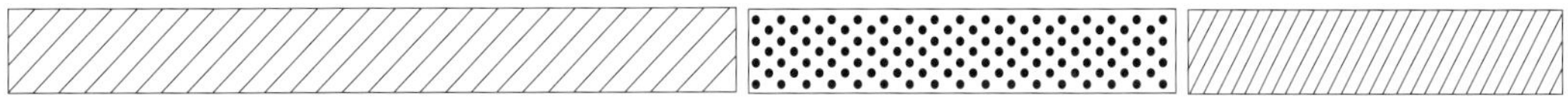

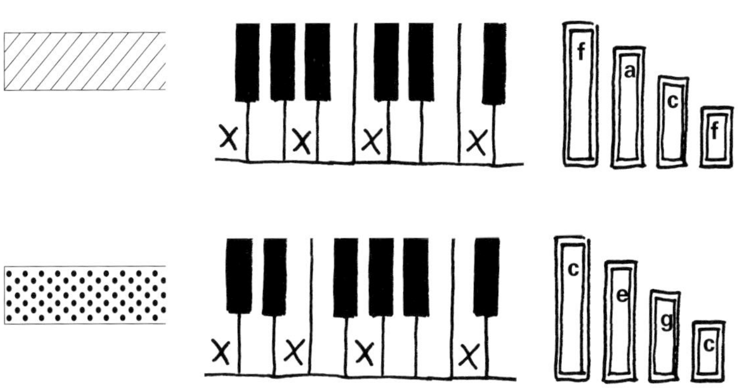

Himmel und Erde (Kanon)

Text und Musik: Mündlich überliefert

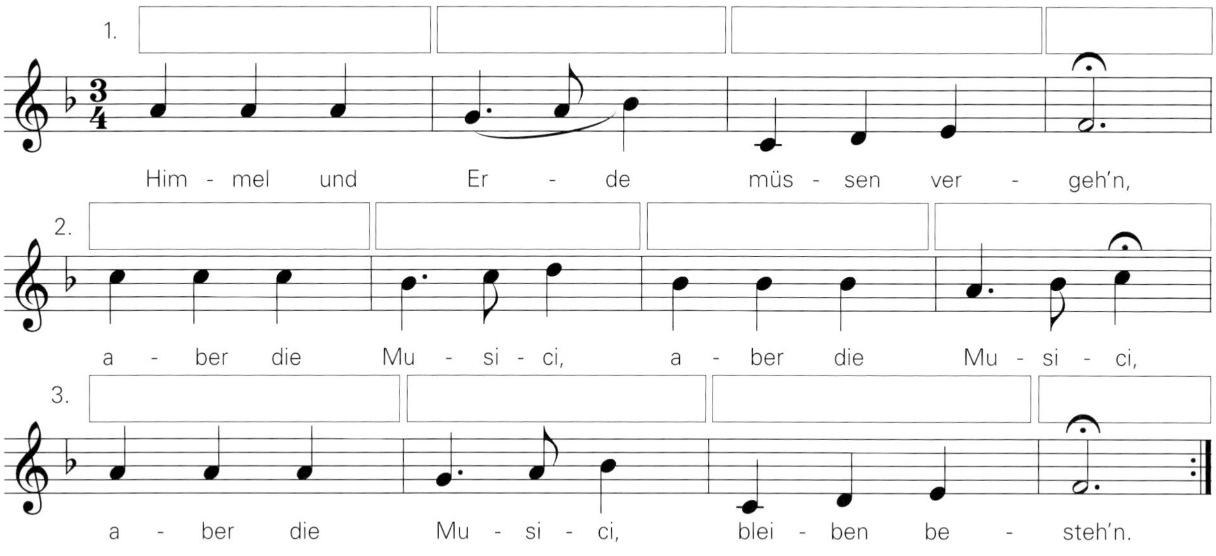

Rock my soul

Gospel aus Amerika

If you're happy

aus den USA

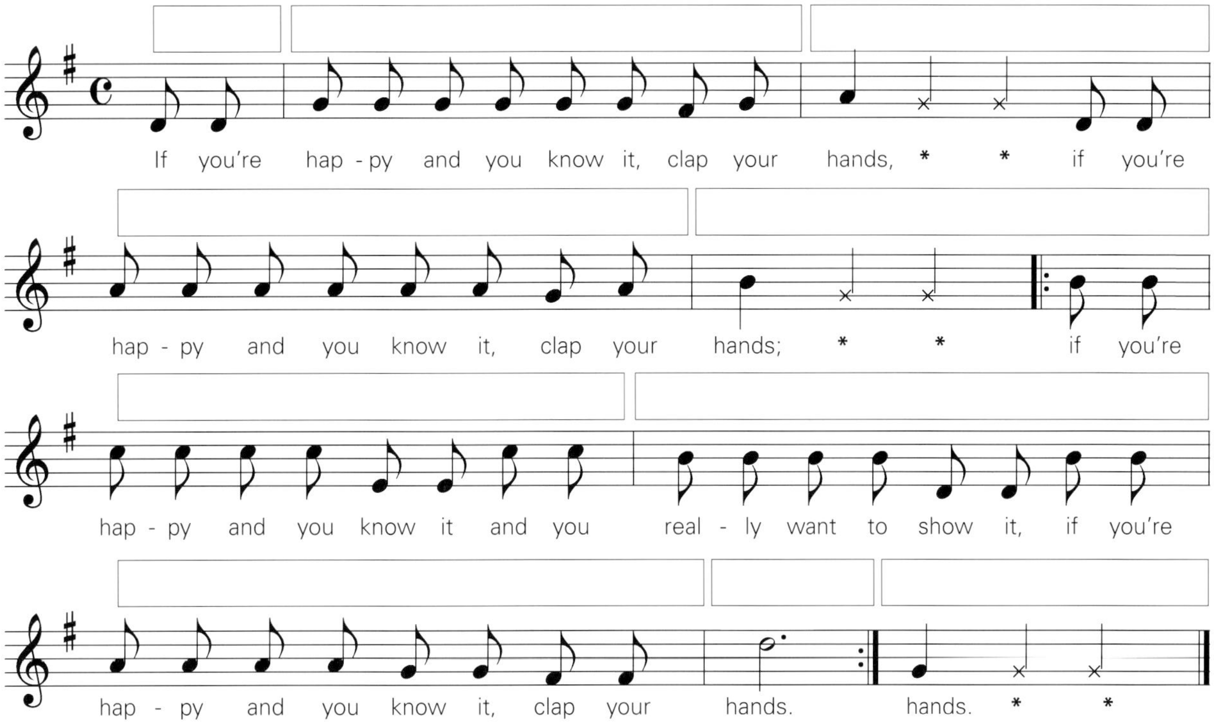

* Dem Text entsprechend klatschen, schnippen usw.

2. snap your fingers (mit den Fingern schnippen) / 3. nod your head (Kopfnicken) / 4. stamp your feet (stampfen) / 5. shout a name (Namen rufen)

DEDUR Unterrichtshilfen Musik Primarschule

Hingerem Münschter

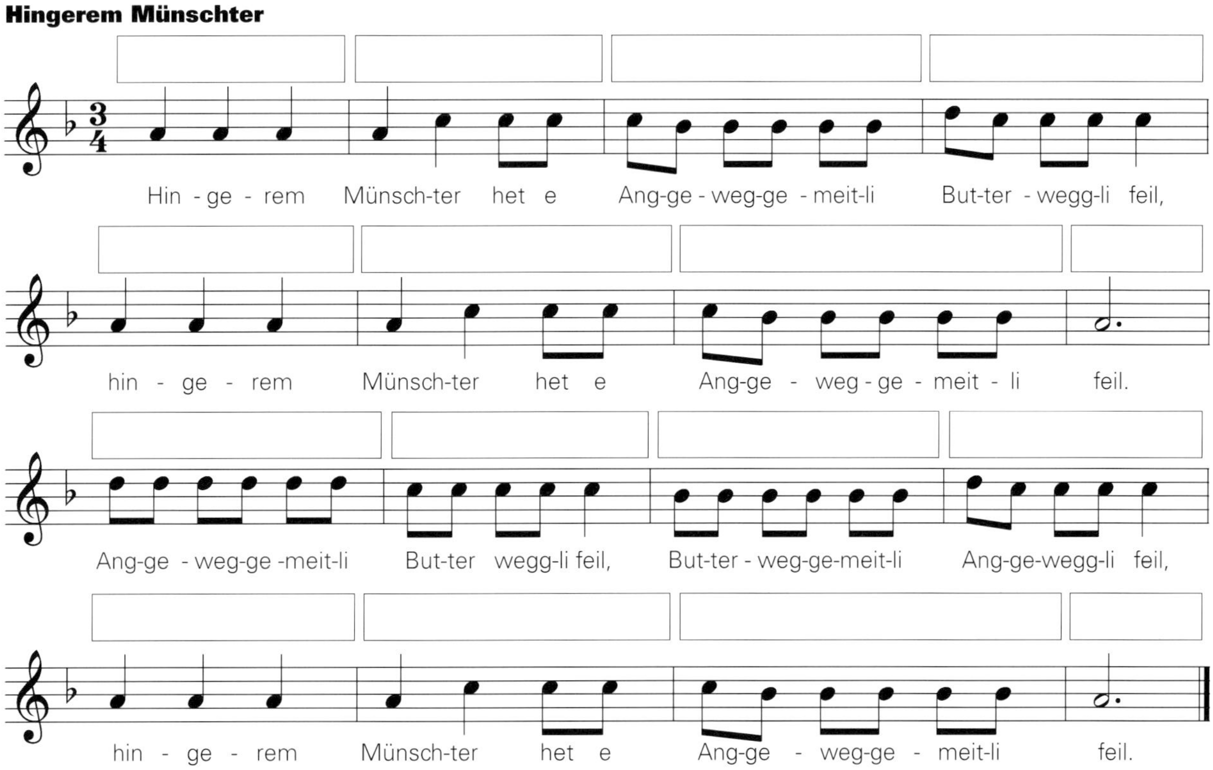

Protokollblatt «Berauschende Zahlendiktate»

T	**H**	**Z**	**E**
II	~~IIII~~	I	~~IIII~~ I

T	**H**	**Z**	**E**
2	5	1	6

Arbeitsauftrag «Klingende Schulwege»

Gruppe: ______________________	Erledigt am:
1. Übertragt die vereinbarte Wegstrecke in den Quartier- oder Dorfplan.	
2. Geht gemeinsam zum Startort (Haustüre eines Kindes) und begeht anschliessend den Weg zum Schulhaus mit laufendem Aufnahmegerät stumm.	
3. Analysiert die Aufnahme: a) Erstellt einen Katalog der Geräusche, ihrer Dauer und Häufigkeit und entwerft Symbole.	
b) Haltet mit der Stoppuhr und dem Protokollblatt für alle Geräusche die Anfangs- und Schlusszeiten fest.	
c) Haltet die einzelnen Ereignisse mit entsprechenden Symbolen auf einem Zeitstrahl fest.	
4. Messt mit dem Messrad (oder Messschnur und Kreide) den Weg ab und übertragt wichtige Distanzen auf einen Zeitstrahl.	
5. Begeht den Weg regelmässig (Schulweg) und achtet auf die Geräusche. Tragt Ergänzungen mit Datum in den Zeitstrahl ein.	
6. Zeichnet akustisch interessante Standorte in den Dorfplan ein und beschreibt sie in einer Legende.	
7. Stellt den Weg anhand des Dorfplanes der Klasse vor.	
8. Geht den Schulweg gemeinsam stumm (eventuell gruppenweise). Besprecht anschliessend in der Klasse, was wo zu hören war. Vergleicht die Erfahrungen im Schulzimmer mit dem Zeitstrahl. Fügt Aussergewöhnliches als Notiz mit Datum in das Protokollblatt ein.	

Protokollblatt «Klingende Schulwege»

				Gruppenname:	**Datum:**	**Startzeit:**	**Ankunftszeit:**
Nummer	Symbol	Zeit: Beginn Ende	Distanz von der Schule	Beschreibung des Standorts in Stichworten	Beschreibung des Geräuschs in Stichworten	Häufigkeit und Dauer (ständig, periodisch, zufällig, selten)	Bemerkungen

Arbeitsauftrag «Flaschophon»

- Arbeitet in Dreier- oder Vierergruppen.
- Sucht die zugeteilten Klangstäbe und organisiert das entsprechende Schlägelmaterial.
- Spielt auf dem Klangstab-Trio die bekannten Klänge des Postautomotivs (Dü - da - do, Post - au - to). Alle können das Motiv spielen.
- Tragt die genauen Bezeichnungen der Klangstab-Töne ins Versuchsprotokoll ein.
- Begebt euch mit sämtlichem Material zu einem Wasserabfüllplatz.
- Füllt in die drei Flaschen Wasser ab, bis ihr durch Anschlagen mit dem Schlägel die drei Töne genau nachspielen könnt.
- Messt bei allen Tönen den Wasserstand millimetergenau und die eingefüllte Wassermenge millilitergenau nach. Tragt die Ergebnisse an der richtigen Stelle ins Versuchsprotokoll ein. Bestimmt auch die Luftmenge und die Luftsäule.
- Durch Anblasen der Flaschen entstehen auch Töne. Stimmt drei weitere Flaschen so ab.
- Vergleicht eure Erfahrungen mit dem ersten Versuch und redet miteinander darüber.

Protokollblatt «Flaschophon»

Silben der Postautotöne	Dü- Post- Mi 		da- au- So 		do! to! Do 	
Wasserhöhe dm – cm – mm						
Wassermenge dl – cl – ml						
Höhe der Luftsäule dm – cm – mm						
Luftmenge dl – cl – ml						
relative Bezeichnung des Tones						
absolute Bezeichnung des Tones						
Bemerkungen						

Flaschophon-Spielstücke

Posthornsignale

Die Extra-Post

Die Güter-Post

Die Brief-Post

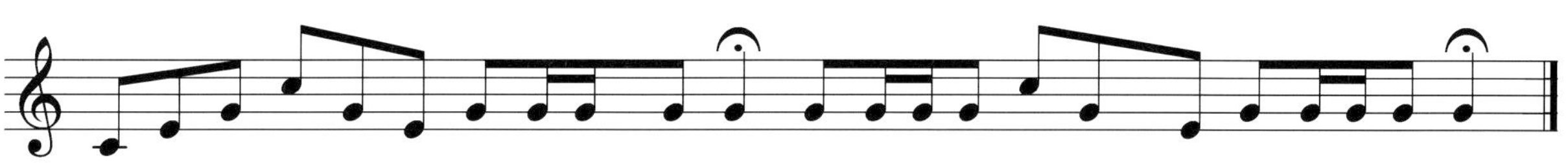

Protokollblatt «Klingende Zahlenrätsel»

Startzahl	Op. 1 +− ·:	Zahl 1	Op. 2 +− ·:	Zahl 2	Op. 3 +− ·:	Zahl 3	=	Resultat
							=	
							=	
							=	
							=	
							=	
							=	
							=	
							=	

Startzahl	Op. 1 +− ·:	Zahl 1	Op. 2 +− ·:	Zahl 2	Op. 3 +− ·:	Zahl 3	Op. 4 +− ·:	Zahl 4	Op. 5 +− ·:	Zahl 5	=	Resultat
											=	
											=	
											=	
											=	
											=	
											=	
											=	
											=	

Rhythmen suchen, ergänzen

Rhythmen suchen

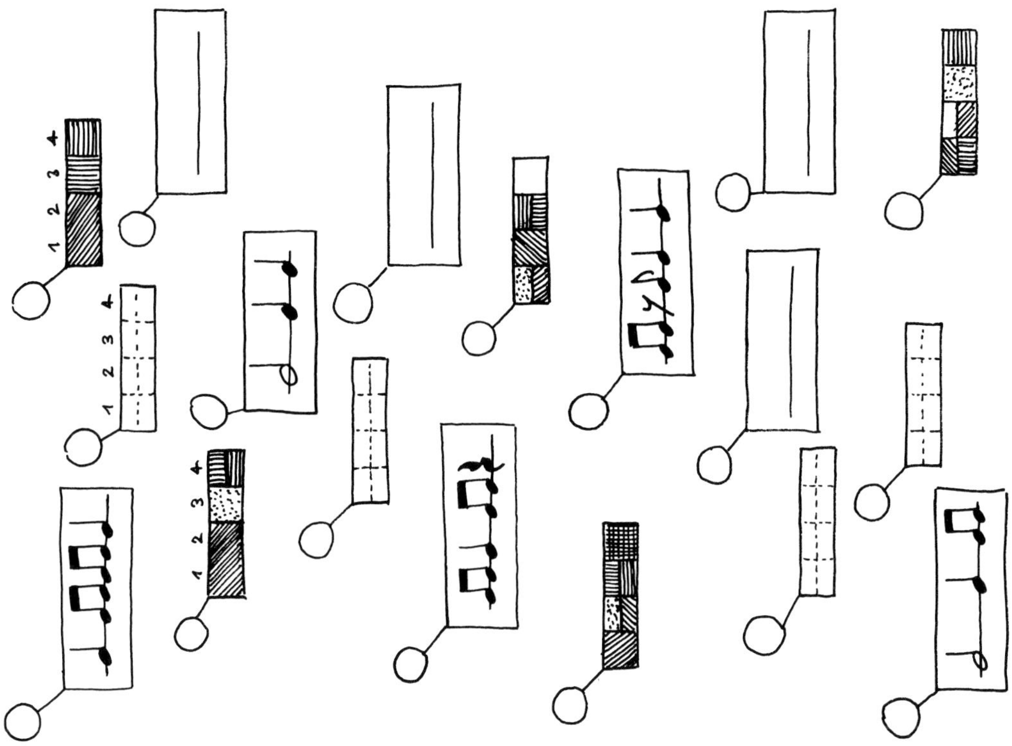

Rhythmen ergänzen

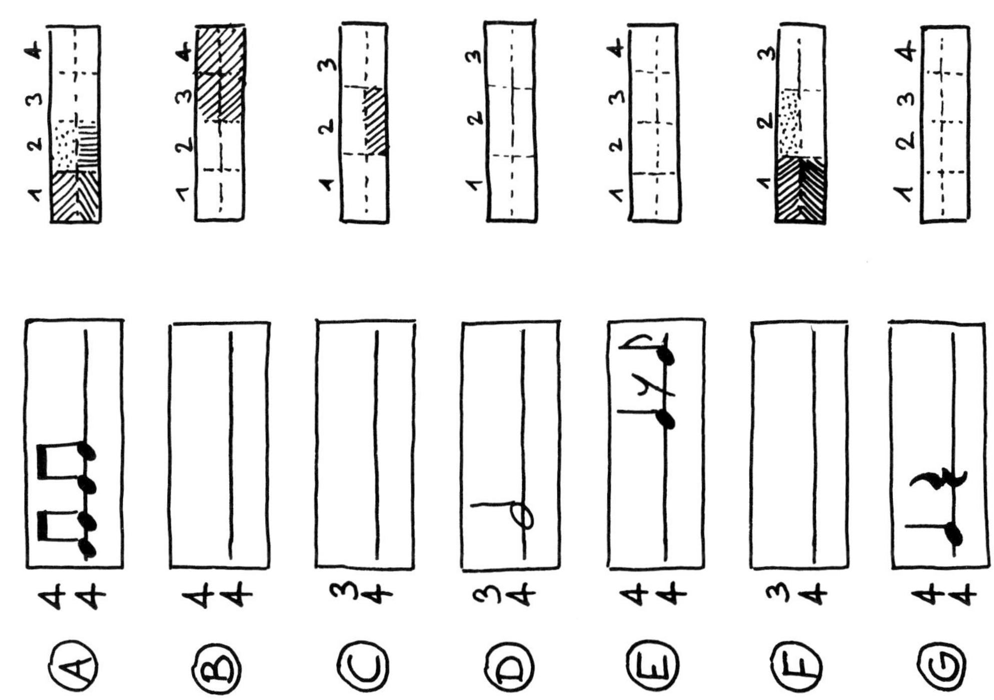

Musikbaukasten

Ein Baukastenkanon

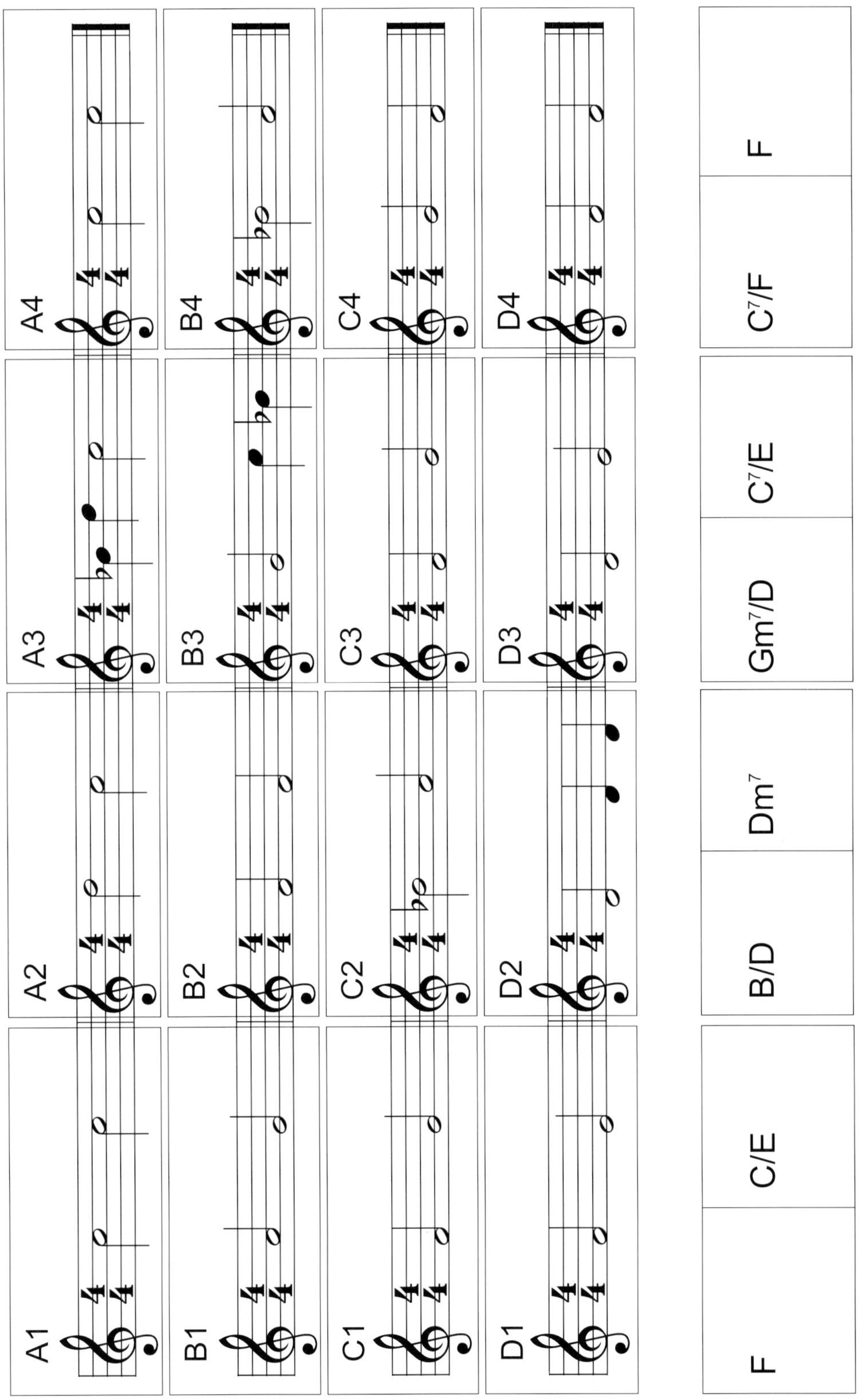

Tausenderbuch

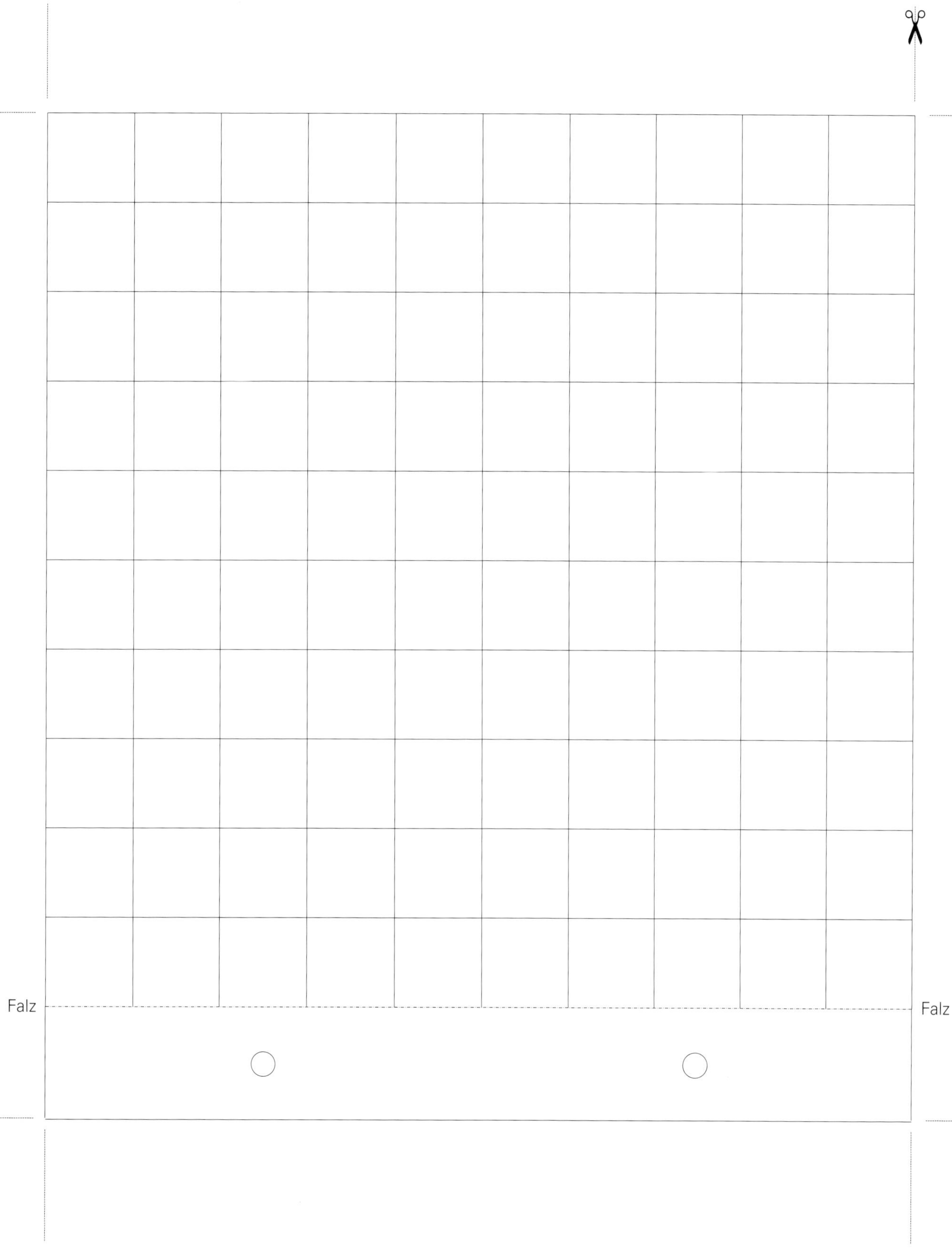

Wasserhahn-Rap

Wasser Wasser Wasser tropfet usem
Wasser Wasser Wasserhahn.

S'isch Wasser wo usem Hahne chunnt,
S'isch mänge Tropf i eire Stund.

Eis zwöi drüü vier füüf sächs siebe acht
los wie das e Lärme macht.

Je nachdäm was drunder steit,
uf was dä Tropf druuf abe gheit,

tönt's liisli oder lut – probiers mal us.
Hesch sicher e Büchse oder Tassli im Huus.

Doch denn drei dr Hahne wieder ganz schnäll ab,
süsch wird de plötzlich üses Wasser knapp.

Stell dir vor, s'gäb kei Wasser meh,
alles wär vergüüdet und niene meh e See.

Das wär denn e Mischt und würd mir stinke,
chönntsch nie meh abem Hahne Wasser trinke.

Drum drei dä Hahne jetzte ganz schnäll zue,
denn hei mir ändlech wieder Rueh …

Rappige Zahlenfolgen

5 763,	5 764,	5 765,	…. ,
47 586,	47 576,	47 566,	…. ,
19 307,	19 306,	19 305,	…. ,
24 449,	24 459,	24 469,	…. ,
3 000,	5 000,	7 000,	…. ,
55 000,	53 000,	51 000,	…. ,
75 000,	80 000,	85 000,	…. ,
320 000,	315 000,	310 000,	…. ,
29 445,	28 445,	27 445,	…. ,
72 263,	72 363,	72 463,	…. ,
67 799,	68 799,	69 799,	…. ,
8 312,	8 212,	8 112,	…. ,
10 020,	10 040,	10 060,	…. ,
23 150,	23 100,	23 050,	…. ,
450 200,	450 400,	450 600,	…. ,
999 900,	999 910,	999 920,	…. ,
17 308,	27 308,	37 308,	…. ,
315 500,	315 000,	314 500,	…. ,
7 200,	7 212,	7 224,	…. ,
81 750,	81 725,	81 700,	…. ,

Zimmermannsgruss und Notationshilfe

Zimmermannsgruss

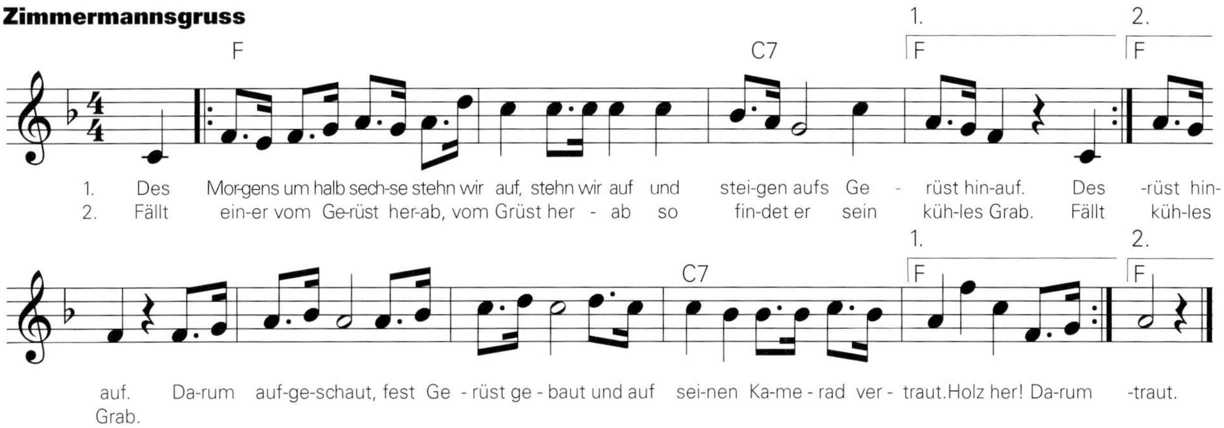

3. Sechs Zimmerleute tragen ihn zur Ruh, zur Ruh
und decken ihn mit Sägmehl zu. Refrain
4. Sechs Kinder gehen hinterm Sarge her, Sarge her
sie haben keinen Vater mehr. Refrain

Notationshilfe

Zählzeit	Gruppe 1	Gruppe 2
Startposition	vis-à-vis, ein Schritt Abstand	übers Kreuz zur Gruppe 1
1	Sägemehl abwischen	
2	Hände einstützen	
3	in die eigenen Hände klatschen	
4	rechte Hand mit Partner patschen	
5	linke Hand mit Partner patschen	
6	beide Hände mit Partner patschen	
1	Sägemehl abwischen	
2	Hände einstützen	
3	....	
4	....	

Zimmermannsgruss Protokollblatt

Protokollblatt für eigene Lösungen mit drei Spielern

Zählzeit	Spieler 1	Spieler 2	Spieler 3
Startposition			
1			
2			

Silbenrhythmen und Notenwerttabelle

Notenwerttabelle

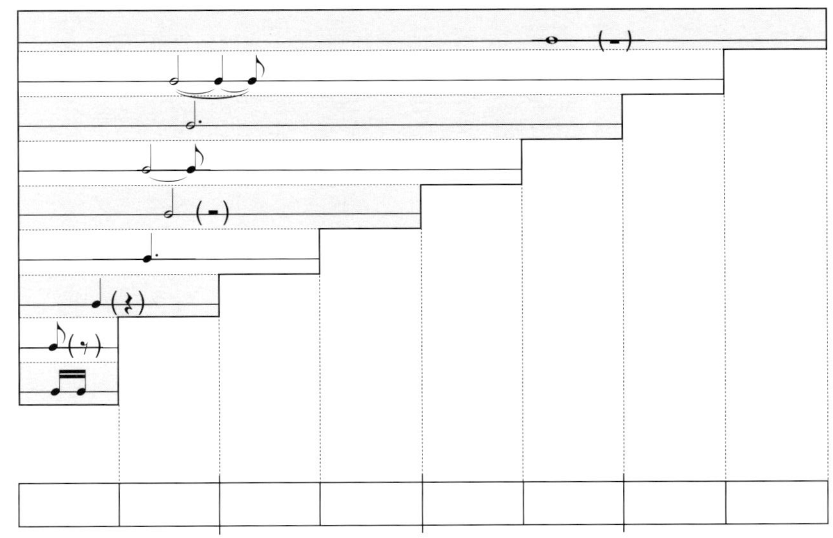

Silbenrhythmen

TAK		TAK		TAK	TAK	DUN	DUN
TAK	TAK	TAK	DUN	TAK		TAK	DUN
TAK		TAK	DUN	TAK		DUN	TAK
DUN	DUN	DUN				TAK	TAK
DUN				TAK	TAK	TAK	
TAK		TIK		TAK	TAK	DUN	
DUN	TAK	TIK	TAK	DUN	TAK	TIK	
TIK		TIK	DUN	TIK		DUN	
TAKA	DUN	TAKA	DUN	TIK		DURU	TAK
TIKI	DURU			TIKI	TAKA	DUN	
DUN	DUN		TIK	DUN			TAK
DUN	TAK		DUN	TAK		DUN	TAK

Gitter

Quader

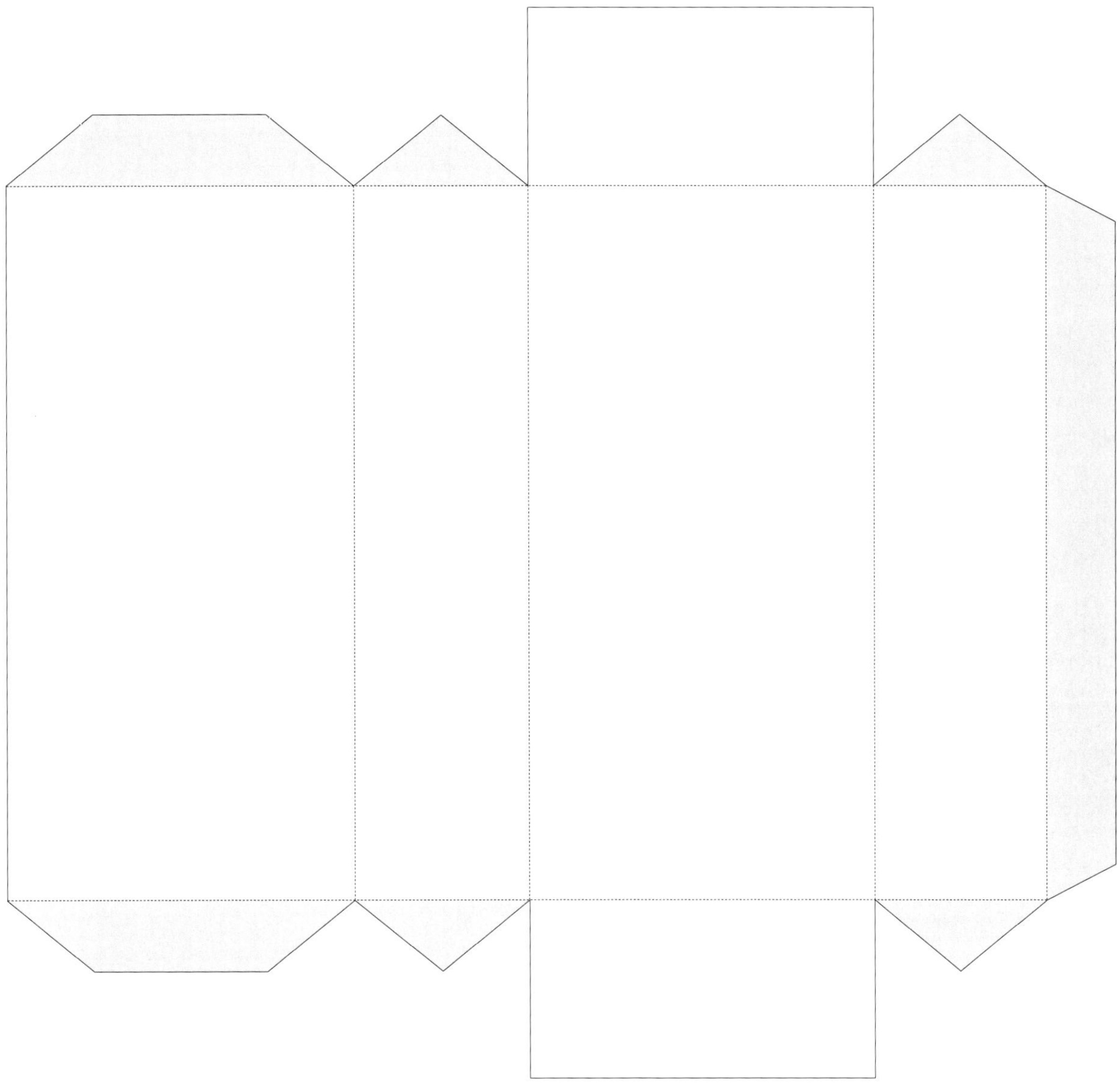

Kippwege

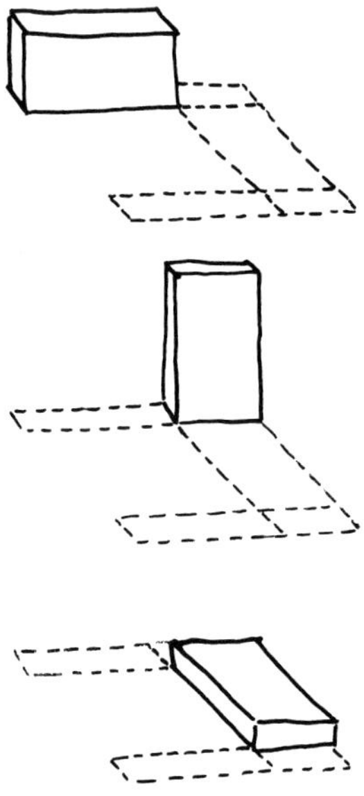

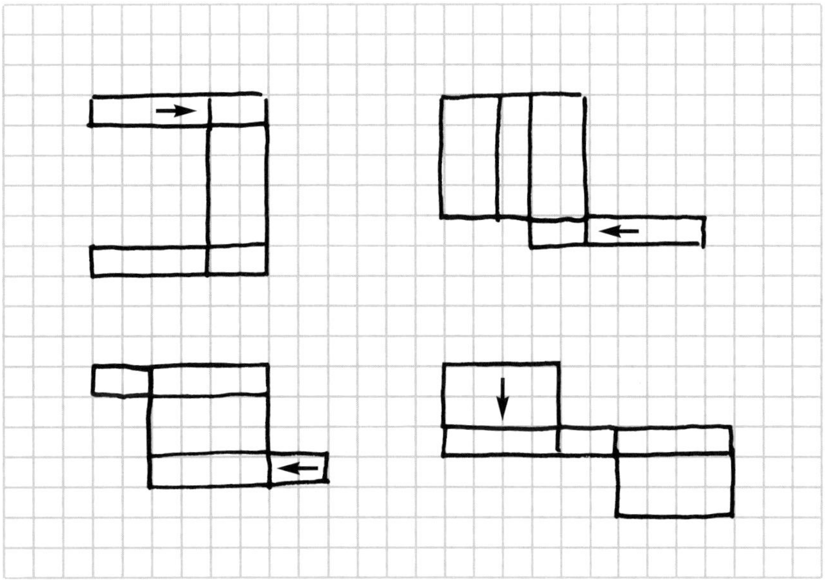

Bahnkilometer

Musikalische Bahnreise

	Stationen	Musikdauer	Reisestrecke
Startort →			
Zielort →			
Gesamtzeit / Gesamtreisestrecke →			

«Schnelle» und «langsame» Texte

Ds Lied vo de Bahnhöf

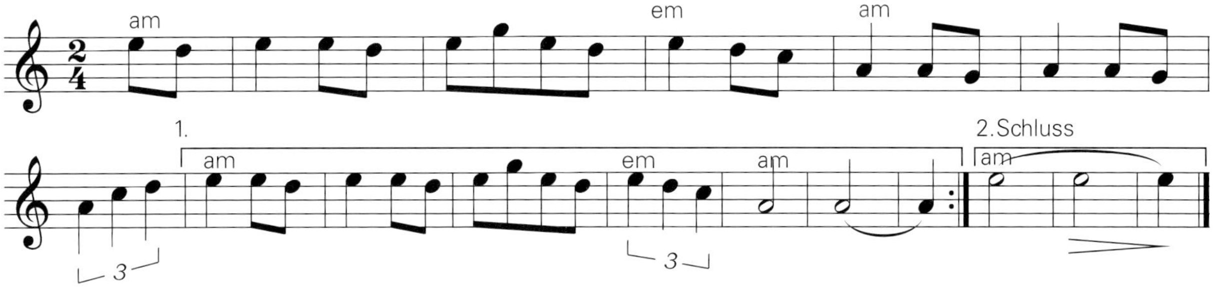

Das isch ds lied
vo de bahnhöf wo dr zug
geng scho abgfahren isch
oder no nid isch cho
und es stöh
lüt im rägemantel dert
und tüe warte

und ds gepäck
hei si abgstellt und zwöi chind
luegen am outomat
öb nid doch dert no meh
usechöm
als die caramel wo si
scho hei gässe

und dr bahn-
hofvorstand telephoniert
d'mütze hanget ar wand
und im wartsaal isch gheizt
sitzt e ma
won e stumpe roukt wo stinkt
und list ds amtsblatt

mängisch lüt-
tet e gloggen und en ar-
beiter mit schwarze händ
stellt e weiche me weis
nid für was
dänk für d'güeterwäge wo
vor em schopf stöh

und dr bahn-
hofvorstand leit d'mützen a
s'fahrt e schnällzug verby
und es luftet no gäng
wäretdäm
dass dr vorstand scho sy huet
wider abziet

das isch ds lied
vo de bahnhöf wo dr zug
geng scho abgfahren isch
oder no nid isch cho

Die schnell wachsende Blume

Die Bilder erzählen eine Unsinngeschichte.
Schreibt sie auf und lest eure Geschichten einander laut vor!

1 2 3

aus: Sprache Sach Mach Buch, Heinz Lothar-Worm
Klett Stuttgart 1994

Tschipo

Tschipo und Tschako gingen ganz andächtig das kleine Weglein hinauf, das auch hier vom Strand ins Innere der Insel führte. Vor allem Tschako war so in sich versunken, dass ihn Tschipo plötzlich zurückziehen musste. «Achtung, eine Muräne!» rief er, und aus einem Astloch schnellte heimtückisch eine Muräne hervor, zog sich aber gleich wieder zurück, als sie Tschako nicht getroffen hatte. Muränen, dass wisst Ihr, sind jene Ekel, die in Klippenspalten wohnen und mit ihrem ungemütlich scharfen Gebiss andere Fische überfallen. Tschipo wusste das, weil es im Fischbuch von seinem Onkel Herbert stand; Ihr müsst Euch eben auch einmal ein Fischbuch wünschen – oder habt Ihr keinen Onkel Herbert? Die Muräne, nachdem sie ihren Angriff aufgegeben hatte, versuchte noch schnell die harmlose zu spielen, wetzte geschäftig zu ihrem Astloch heraus, pfiff vor sich her und hüpfte dem Stamm entlang aufwärts, dann …

Franz Hohler
Fischer 1981
TB

Bewegungsablauf Zehnerlen

Bewegung				
Einerreihe	1, 2	3, 4	5, 6	7, 8
Zweierreihe	2, 4	...		
Dreierreihe				
Viererreihe				

Liedblatt Siebnerreihe

7er-Reihe

Text & Musik: Sarah Früh

...er-Reihe

Glossar

Akkorde sind Zusammenklänge von mindestens drei Tönen. Zwei zusammenklingende Töne heissen ▶Intervall. Die einfachsten Akkordformen sind in ihrer Grundform **Dreiklänge** aus Tönen im Terzabstand (z.B. c-e-g). Durch die Struktur des Tonmaterials in Halb- und Ganztonschritte gibt es vier unterschiedliche Dreiklangsstrukturen. Dur (grosse Terz/kleine Terz) und moll (kleine Terz/grosse Terz) sind die gebräuchlichsten. **Vierklänge** bestehen aus vier Tönen im Terzabstand. Zum Begleiten einer Melodie können Akkorde verwendet werden, die aus dem verwendeten Tonmaterial gebaut werden. Jeder Ton lässt sich so auf viele unterschiedliche Arten begleiten.

Beat (engl. = Schlag) bedeutet den Grundschlag einer Musik (siehe auch ▶Puls). Die verschiedenen Schläge innerhalb eines Taktes haben unterschiedliche Qualitäten. Der erste Schlag ist meist der betonteste. **Back-Beat** heissen im 4/4-Takt die Schläge 2 und 4. **Off-Beat** (nicht auf dem Schlag) meint Impulse zwischen den Schlägen: 1 + 2 + 3 + 4 +. Mit **Beats per Minute** (BpM) wird das Tempo gemessen (siehe auch ▶Puls).

Bodypercussion (Körperperkussion): Das Instrument (der Körper) wird mit verschiedenen Schlagarten (Percussion) ganz unterschiedlich zum Klingen gebracht. Einzelne ▶Klanggesten sind stampfen (step/stomp), klatschen (clap), patschen (slap) und schnipsen (snap). Bereits mit den vielen unterschiedlichen Möglichkeiten, die Hände zusammenzuschlagen (klatschen), lässt sich eine grosse Zahl von Klängen produzieren. Siehe auch ▶Vocussion.

Dynamik wird in der Musik summarisch für Lautstärkebegriffe verwendet. Die D. ist ein wichtiges musikalisches Ausdruckselement. Mit Zeichen und Buchstaben werden Lautstärkengrade und Lautstärkenveränderungen angegeben: Forte ***f*** (it. laut, stark), Piano ***p*** (it. leise), Crescendo < / **Decrescendo** > (it. zunehmend / abnehmend) usw. Es gehört zum Wesen der musikalischen Dynamik, dass mit allen Begriffen nur relative Tonstärkenunterschiede angegeben werden können. Physikalisch messbar sind Schalldruckunterschiede. Die Masseinheit heisst Dezibel (dB).

Glissando (it. = gleitend) bezeichnet das stufenlose Gleiten von einer Tonhöhe in eine andere. Mit der Lotosflöte ist, bei ununterbrochenem Luftstrom, jede Tonhöhenänderung ein Glissando.

Instrumente sind in vielen Aufgabenstellungen auswechselbar. So sind anstelle einer afrikanischen **Djembe** (Trommel) auch eine südamerikanische Cajon (Holzkiste), ein präparierter Tisch, unterschiedliche Klatschtechniken (▶Bodypercussion) oder Instrumente mit unterschiedlichen Tonhöhen verwendbar. Für Aufgaben, die die Verwendung von bestimmten Tonhöhen verlangen, eignen sich vor allem die einzelnen **Klangstäbe** und die **Boomwhacker** (gestimmte Plastikröhren, siehe Link unter www.mamu.ch), da sie auf viele Schülerinnen und Schüler verteilt werden können. Der **Heulschlauch** ist ein gewellter Plastikschlauch, der beim Schwingen abhängig vom Tempo unterschiedliche Obertöne erklingen lässt. Zum freien Spiel mit unterschiedlichen Tonhöhen sind die **Lotosflöte** und das **Kazoo** (siehe Bauanleitungen) prädestiniert. Das Kazoo hilft oft Kindern mit wenig Singerfahrung oder mit Stimmproblemen einen neuen Zugang zum Stimmklang zu entdecken und spielerisch den Stimmumfang auszuweiten.

Bauanleitung Lotusflöte:

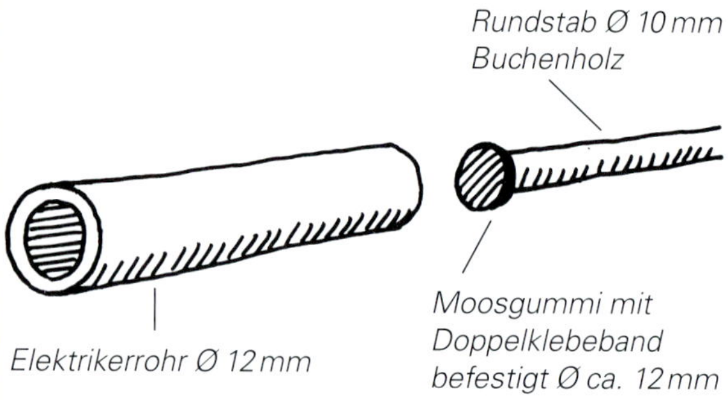

Bauanleitung Kazoo:

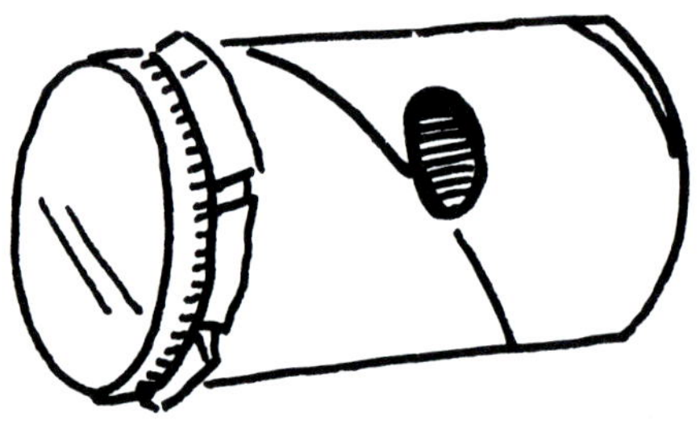

Kazoos lassen sich mit einfachsten Grundmaterialien herstellen, z.B. aus Joghurtbechern, WC-Rollen, Haushaltpapierrollen, Gartenschläuchen, Plastikröhren aus Bauabfall, Styropor, Ton etc.

Aus diesen Materialien lassen sich beliebige Formen und Grössen bilden. Wichtig ist dabei nur, dass jedes Instrument mindestens drei Öffnungen hat, eine zum Hineinblasen oder Singen, eine für das Mirlitonloch, über das eine feine Membran (Butterpapier, Seidenpapier, dünne Plastikfolie, Zellophanpapier) gespannt wird, und eine, wo der Ton austreten kann.

Intervall (von lat. intervallum = Zwischenraum) bezeichnet in der Musik den Höhenunterschied zwischen zwei Tönen, die entweder gleichzeitig (harmonisches I.) oder nacheinander (melodisches I.) erklingen. Die Benennung erfolgt numerisch, bezogen auf die diatonische Tonleiter (siehe ▶Tonmaterial), wobei der Ausgangston und der Zielton mitgezählt werden.

Prim, Quart, Quint und **Oktave** sind reine Intervalle. **Sekund, Terz, Sext** und **Septime** kommen in zwei Grundformen (gross/ klein) vor. Intervalle lassen sich quantitativ messen, sie lassen sich aber auch qualitativ nach ihrer Konsonanz/Dissonanz beschreiben.

Kanon (griech./lat. = Massstab, Regel) bedeutet im musikalischen Satz die strenge Nachahmung einer Stimme durch eine andere. Es gibt viele verschiedene Kanonformen: Der **Spiegelkanon** wird gleichzeitig von hinten und von vorn gespielt; der **Permutationskanon** verändert sich bei jedem Durchgang (**Permutation**: Jede mögliche Anordnung von n Elementen, in der alle Elemente verwendet werden); bei einem Kanon in der Unterquart erfolgt der Kanoneinsatz eine Quarte tiefer. Praktisch daran ist, dass eigentlich alle dasselbe singen oder spielen. Die Schwierigkeit besteht darin, seine Stimme eigenständig durchzuhalten und trotzdem den anderen Stimmen zuzuhören. Je kleiner die Gruppe und je kürzer der Abstand zwischen den Einsätzen (Kanon in Engführung), desto grösser ist die Herausforderung.

Klanggesten (lat. gestus = Gebärdenspiel) sind einzelne klingende Bewegungen wie Klatschen, Patschen, Stampfen und Schnipsen. Jeder so produzierte Klang hat ähnlich einer Gebärde eine Ausdruckskomponente. Werden solche klingenden Bewegungen in eine musikalisch-rhythmische Abfolge gebracht, spricht man von ▶ Bodypercussion.

Krebs (Krebsgang) bezeichnet den notengetreu rückläufigen (spiegelbildlichen) Ablauf einer Melodie oder einer rhythmischen Struktur. In der seriellen Musik des 20. Jahrhunderts (Schönberg, Messiaen, Berio, Stockhausen und andere) ist der Krebs eine wichtige Gestaltungsform für musikalisches Material.

Metrum (von griech. Metron = Mass) ist in der Musik eine gleichmässige Impulsfolge mit einer Binnenstrukturierung, also Dreier-, Vierer-, Sechsermetrum. Metren basieren immer auf Dreier- oder Zweierstrukturen und ihren Kombinationen. Einige Metren zeigen deshalb verschiedene Unterteilungen: ein Achtermetrum lässt sich zum Beispiel als 2 + 2 + 2 + 2 oder als 3 + 3 + 2 (Rumba) spielen. Der Begriff Metrum grenzt sich zum ▶ Puls oder ▶ Beat (ohne Binnenstruktur) auf der einen Seite und zum Takt (mit genauer Angabe des Schlagwertes) auf der anderen Seite ab. In der Poesie sind Metren alte Versmasse. Das **Metronom** ist ein technisches Hilfsmittel, um das genaue Tempo zu messen, das heisst, den ▶ Puls eines Metrums festzulegen. Das absolute Tempo wird mit Beats (siehe ▶ Puls) per Minute (BpM) angegeben.

Minimal Music hat ihre Wurzeln in einfacher ritueller Musik. Beeinflusst durch die Musik anderer Völker gab es bereits im frühen 20. Jahrhundert repetitive Musik (1928 Bolero von Maurice Ravel). Der Begriff entstand zu Beginn der 60er-Jahre in den USA in enger Verbindung zur bildenden Kunst (Minimal Art). Als eine der ersten Minimal-Kompositionen gilt das Stück «Composition 1960 #7» von La Monte Young. Das Stück besteht aus der Quinte h-fis, die Instrumentierung ist beliebig. Die Uraufführung dauerte fünf Stunden. Weitere Minimal-Komponisten sind Philip Glass, Steve Reich und Terry Riley. Oft wird die Musik auch **Konzept-Musik** genannt, da die Kompositionen oft nicht ausgeschrieben, sondern durch ein Konzept (eine Spielanleitung) beschrieben sind.

Notation von Musik ist die Übertragung eines Klangs in ein Symbol. Die Notation der Musik ist nicht die Musik selbst. Die traditionelle musikalische Notation hat eine lange Entwicklungsgeschichte hinter sich, welche im Wesentlichen im 17. Jahrhundert abgeschlossen war. Moderne Notationen bedürfen meist ausführlicher Legenden zur Klärung der Bedeutung der einzelnen Zeichen. Bei der **Space-Notation** (Abstand-Notation) zeigen die Abstände der Zeichen Tonlängen an. Diese Notationsart ist nicht auf traditionelle Notenformen angewiesen und auch ohne deren Kenntnis anwendbar (les- und schreibbar).

Ostinato (von lat. obstinatus = hartnäckig) bedeutet eine ständig wiederkehrende Begleitung, meist eine Basslinie oder ein Rhythmus.

Pattern (engl. = Muster) bedeuten in der Musik meist kurze musikalische Einheiten. Patterntechnik ist vor allem aus der ▶ Minimal Music bekannt, wo Muster aneinander gereiht und variiert werden. Wichtig ist die Patterntechnik aber auch in der Popmusik und für einfache Begleitungen in der Volksmusik. Oft basiert die gesamte Begleitung eines Songs auf rhythmischen Mustern.

Puls (siehe auch ▶ Beat) ist eine gleichmässige Impulsfolge. In einem gewissen Rahmen sind innerhalb einer Pulsation auch Temposchwankungen möglich (Agogik). Um einen stabilen musikalischen Puls und ein festgelegtes Tempo zu halten, kann das Metronom verwendet werden. Das absolute Tempo des Pulses wird in der Musik mit BpM (Beats per Minute = Pulsschläge pro Minute) angegeben. Früher wurde oft nach dem Erfinder des Metronoms die Angabe MM (Mälzels Metronom) verwendet. In einer Gruppe gemeinsam einen Puls zu halten ist nicht für alle Menschen gleich einfach. Die meiste Musik, sich wiederholende Bewegungsabläufe, viele Kinderspiele und der Herzschlag beruhen auf einem Puls.

Tonmaterial setzt sich aus den für eine Musik verwendeten Tönen zusammen. Es ist möglich, gleichzeitig mehrere Tonmaterialien zu verwenden oder diese innerhalb eines Stückes auszuwechseln. Je umfangreicher das Tonmaterial, desto vielfältiger sind die Möglichkeiten. Doch bereits einfaches Tonmaterial (z.B. d, e, f) ermöglichen komplexe musikalische Formen. Typische Tonmaterialien sind Tonleitern. Die **pentatonischen** Tonleitern bestehen aus 5 Tönen und enthalten keine Halbtonschritte (z.B. f, g, a, c, d). **Diatonische Tonleitern** sind aus 7 Tönen pro Oktave über einem Grundton aufgebaut. Es gibt viele Möglichkeiten die 7 Töne mit den 2 Halbtonschritten und die 5 Ganztonschritte zu ordnen. Die Struktur «do – re – mi – fa – so – la – ti – do» heisst Dur-Tonleiter. Die **Ganztonleiter** oder Zwölftonleiter sind weitere Tonmaterialien, welche auf zwölf Tönen pro Oktave beruhen. Es gibt aber auch Tonmaterialien, die von noch feineren Abstufungen der Töne ausgehen (Vierteltöne).

Vocussion (Vokal-Perkussion): Der Lust, mit dem Mund Geräusche und Klänge zu produzieren, kann im Musikunterricht Raum gegeben werden. Viele der Übungen in diesem Buch können auch mit Vocussion ausgeführt werden. Oft liegt die Hemmung, dies zu tun, eher bei der Lehrperson als bei den Kindern.

CD-Trackliste

Track	Themenkreis/Impuls	Thema	Dauer
1-4	1/1	Kreuzchenmuster, nach Zahlenbuch 4, S. 21	1:06
5	1/2	Largo aus dem Klavierkonzert in f-moll, von Johann Sebastian Bach (1685-1750), Piano Concerto in F Minor mit Hae-won Chang, Piano/Camerata Cassovia/Robert Stankovsky	2:51
6	1/3	Himmel und Erde müssen vergehn	0:43
7	1/3	Playback zu Himmel und Erde	0:59
8	1/3	Rock my soul	1:15
9	1/3, 3/3	Regenlied	1:04
10	1/3	Hingerem Münschter	1:11
11	1/3	If you're happy gesungen vom Chor der Musikschule Unterleberberg, Playback: Kurt Studer	0:44
12–17	1/4	Trommelmuster, von Renato Loretan	1:38
18	2/1	«und Einundzwanzig …», gesungen von Adrienne, Gabriela und Markus	1:21
19	3/1	Klingende Schulwege, von Kurt Studer	4:50
20	3/4	Postautomotiv	0:27
21–23	3/4	Postsignale, gespielt von Daniel Steger	0:35
24–26	4/2	Zahlenrätsel	0:57
27–32	4/3	Farbbandrhythmen	1:34
33–35	5/3	Baukastenmelodien	0:59
36	6/1	Schatzsuche, von Kurt Studer	2:12
37	6/2	Wasserhahn-Rap, gerappt von Adrienne und Stephanie, Playback: Kurt Studer	1:09
38	6/2	Zahlenrap, mit dem Chor der Musikschule Unterleberberg	0:52
39	6/2	Playback zum Zahlenrap: Kurt Studer	1:38
40–43	6/4	Tonmuster	1:07
44	7/1	Zimmermannslied, mit dem Chor der Musikschule Unterleberberg	2:07
45–46	7/2	Silbenrhythmen, mit dem Chor der Musikschule Unterleberberg	1:53
47–52	7/3	Zwölferglocke	1:49
53	7/3	Sosu Njako, Preislied der Fo (Togo)	1:03
54	9/1	Bleistiftmusik	0:18
55–58	9/2	Kippwege	0:29
59	9/3	Roboterlied, gespielt und gesungen von Kurt Studer und Markus Cslovjecsek	1:11
60	10/1	Bahnstreckenmusik, mit Liedern des Schülerchores Niederwil SO	5:26
61	10/2	Piano Phase von Steve Reich, mit Gertrud Schneider und Tomas Bächli	3:52
62	10/3	Der Hummelflug, von Nikolai Andreevich Rimsky-Korsakov (1844-1908), mit dem tschechoslowakischen Radiosinfonieorchester/Anthony Bramall	1:19
63	10/3	Adagio for Strings, von Samuel Barber (1910-1981), mit der Capella Istropolitana	1:19
64	10/3	Der Zauberlehrling, von Paul Dukas (1865-1935), mit dem tschechoslowakischen Radiosinfonieorchester/Kenneth Jean	1:19
65–74	10/4	Vogelstimmen einzeln: Hausrotschwanz (65), Rotkehlchen (66), Amsel (67), Zaunkönig (68), Kuckuck mit Vogelpfeife (69), Kohlmeise (70), Zilpzalp (71), Buchfink (72), Haussperling (73), Star (74)	3:36
75	10/4	Collage mit allen Vogelstimmen	2:08
76	10/5	Ziffernmelodie	0:56
77	10/5	Angklung, mit einem Gamelanorchester aus Bali	2:11
78–80	11/1	Reihenpartituren	1:07
81	11/5	Siebnerreihe, gesungen vom Chor der Musikschule Unterleberberg	0:30

Spielzeit total ca. 62 Min.

Lösungen zu den einzelnen Aufgaben sind manchmal nicht einfach zu finden. Die entstehenden echten «Probleme» gilt es gemeinsam mit den Schülerinnen und Schülern zu lösen. Wenn es gar nicht mehr weitergeht steht die Hotline (Kontakt) unter www.mamu.ch zur Verfügung.

Quellenverzeichnis CD
NAXOS 8.550950: Johann Sebastian Bach, Piano Concerto in F minor – Largo, BWV 1056, mit freundlicher Genehmigung von NAXOS Deutschland GmbH
Unesco: Sosu Njako, Preislied der Fo (Togo)
Jecklin-Disco JD 670-2, CD «Pullover»: Gertrud Schneider, Piano Phase Steve Reich
Naxos 8.554066: Nikolai Andreevich Rimsky-Korsakov, Flight of the Buble Bee, mit freundlicher Genehmigung von NAXOS Deutschland GmbH
Naxos 8.551149: Samuel Barber, Adagio for Strings, mit freundlicher Genehmigung von NAXOS Deutschland GmbH
Naxos 8.554066: Paul Dukas, The Sorcerer's Apprentice, mit freundlicher Genehmigung von NAXOS Deutschland GmbH
Vogelstimmen: CEBA, Mens (Frankreich)
Maharani MR004, CD «The Best Sound of Bali»: Track 3